JN194056

移民時代の
日本語教育の
ために

有田佳代子

［著］

くろしお出版

はじめに

　日本の社会にいて、文化的背景が異なる人たちとともに生きることはありふれた日常になりました。都心や観光地だけではなく、これまでめったに外国人に会わなかったような地域でも、長期に滞在する海外ルーツの人たちがどんどん増えてきています。コンビニや飲食店の店員さんはじめ、病院や介護施設、インバウンド関連企業などに、そして学校の友人に、地域の隣人に、職場の同僚にも、たくさんの外国人がいると実感する人も多いと思います。人口減少が続き「八掛け社会」などと言われる日本にいて、今後、言語や文化が異なる人たちとともに生きていくことは、より「日常」になるでしょう。

　わたしは、日本語を学びたいという人たちとともに過ごしてきた、日本語教師です。日本語学習者は、日本語と日本を外側から見ている人たちが多いので、かれらのつぶやきは興味深く、わたしたちのこれからの「日常」を考えるうえで、有効なヒントになります。

　「学校では『食べれます』は、ダメです、と習ったけど、日本人たちはみんな『食べれます』と言いますね～」

　「『ありがとうございました』は正しいなら、『おめでとうございました』や「おはようございました」もいいですか」

　「『高いです』『高かったです』は正しい日本語だから、『行くです』『行ったです』もいいですね」

　「『たべる』の過去は『たべた』だから、『すべる』の過去も「すべた」だ」

　「『どう違いますか』と『どう違うんですか』は、どう違うんですか」

　「先生が話す日本語はとてもよくわかるのに、教室を出て、他の日本人の人たちと話すと、日本語がわからなくなる……」

　「地域の日本語教室で年配の日本人のかたに『あなた、お名前は？』

と聞かれたので、『わたしはジェインです。あなたは？』と答えたら、その人に『あなたに、あなた呼ばわりされたくない！』と怒られてしまいました」

「日本人の友だちのお母さんが入院したので、お見舞いに行きました。花屋さんの店先にあったきれいな花束を買って持っていったら、びっくりされてしまいました。お墓に飾る花束だったみたいです」

「先日、日本人の友だちとデパートに行きました。わたしは店員さんに『スポーツ用品売り場はどこですか』と日本語で聞きましたが、その店員さんは、わたしではなく、わたしの隣に立っている日本人の友だちに顔を向けて『スポーツ用品は３階にございます』と教えましたよ。わたしが聞いたのに……」

「わたしの父と母は大阪出身の日本人ですが、わたしはイギリス生まれのイギリス育ちで、英語が一番得意なことばです。日本語は聞けばわかるし話せますが、書くのは苦手です。わたしは日本人かな、イギリス人かな……」

「わたしは台湾人ですが、同じクラスには中国人（大陸出身）の友だちも多く、わたしたちは仲良しです。先生、どうか、クラスで『あなたはなに人ですか』と聞かないでください」

いくつか例をあげましたが、他にもたくさんご紹介したい「つぶやき」があります。

日本語教師は、基本、日本語を母語としない人たちに「日本語」を教えるので、前半の「つぶやき」に見るように、日本語そのものに関する興味深い気づき、母語話者にとってはまったく意識しないようなことに対する疑問、日本語に関する不思議な側面を目の当たりにします。

一方、それまでは別の社会にいた人たちが、日本にやってきて感じ取る疑問や不思議な現象も、日本語教室で披露されることがあります。「あなた」という便利な二人称、たとえば英語であれば全部 you でいいところですが、日本社会ではどうでしょうか。「あなた」と言って聞かれたから、「あなた」と言って聞き返す、というわけにはいかないので

しょうか。また、覚えたての日本語を使いたくてデパートの店員さんに嬉々として話しかけたのに、相手は、自分ではなく同行の日本人に返答……この人はずいぶんがっかりしたのじゃないかと思います。この現象は、後述しますけれども「第三者返答」と言い、高齢者や車椅子に乗った人や子どもなど、多くの人たちが落胆や不快感とともに経験する現象です。

　また、自分は日本人かイギリス人か考えている人のつぶやき。日本語教室には、こうしたハイブリッドなバックグラウンドを持つ人たちがたくさんいます。

　そして、日本語の教室は、国際社会の問題がダイレクトに反映してしまう場でもあり、個人が、その属する国家や民族や地域を、背中にどかんと背負ってしまって、軋轢が生じる場合もあります。台湾、香港、中国。イスラエルとパレスチナ。そして、ロシア、ウクライナ……。ひとつの地域や国家のなかでも、民族紛争や宗教の違いによる問題が起こっていて、それも日本語教室に持ち込まれる可能性があります。また、「先生は、先の世界大戦の日本による侵略をどう考えますか」、「リーダーの靖国神社参拝をどう思いますか」と詰め寄られることもあるのでした。

　わたしたち日本語教師は、職業上、日々こうしたことを体験しています。それを、おもしろいなあ、楽しいなあと思うことがある反面、自分の無知や至らなさに驚いて反省したり、あるいは、まったく力が及ばないことに対しては途方に暮れたり、そういう日常を過ごしています。「外の目」を持つ人たちと日本社会とのはざまにいるとも言えるでしょう。「あちら」と「こちら」、あの社会とこの社会、あの文化とこの文化、あのグループとこのグループ、あの人たちとこの人たち、どちらにも属してどちらにも属さない、「あいだ」という、意外に広々とした空間です。

　そして、そこから見えること、「あいだ」にいるからこそ見えることがあり、それを、できるだけたくさんの人に知ってほしいと思いました。

本書は、2種類の読者を想定しています。

　まず、日本語教師になるつもりはないけれど、周りに外国出身の友人や同僚や隣人、あるいは家族がいて、その人たちの日本語の習得について少し知りたいと思う方々です。また、多文化社会の在り方に関心があったり、日本社会にいる外国籍住民や海外ルーツの子どもたちの現状について考えてみようと思う方々です。本書では、身近な題材を具体例としてあげながら、わかりやすく多文化社会の多様性のありようについて紹介し考えたいと思います。国際交流や地域の国際化に関心のある皆さん、介護の現場などの職場で外国出身の人たちと関わりのある皆さん、海外ルーツの子どもを受け入れている学校や地域の皆さん、今後は教育現場で先生となって活躍したいと思う若い皆さん、国際社会で活躍したいと思う皆さんなど、多くの人たちに手に取っていただきたいです。

　想定している第二の読者は、日本語教育に関心がある、将来は日本語教師になるかもしれないと思う皆さん、あるいは、すでに教育機関や地域の教室などで日本語を教えている皆さんです。新しい時代の日本語教師になろうとする、あるいは、すでに教えておられる皆さんにとっても、ごく基本的なことがらの検討から、新しい視点や再考したいと思う点が見いだされるはずです。

　本書は、大学学部の教養科目「日本語教育」「国際地域学」「言語と社会活動」など、日本語教員を目指さない学生たちが多いクラスの講義ノートと受講した学生たちとのやりとりがもとになっています。それぞれの章の終わりに「読書案内」と「課題」もついています。それらも参考に、できれば周りの仲間との「対話」を重ねながら、皆さんの学びを深めてくださったらと願います。

　では、始めましょう。

目　次

移民時代の日本語教育のために

第1章
「広義の日本語教育」のために

少子化が進む日本社会では、これからも文化的背景が異なる多くの人たちとともに働き、ともに生きていくことになります。移動してきた外国人は言語や習慣など変更しなければならない点が多いですが、受け入れる日本人の側も「これまで通り」とはいかないでしょう。まずは、この社会の多くの人たちが広い意味での日本語教育を担うための「コツ」、基本的なふるまい方の留意点とはどんなことか、本章では考えていきましょう。

【キーワード】広義の日本語教育、狭義の日本語教育、エポケー、自文化中心主義、「西洋崇拝」

1 狭義の日本語教育と広義の日本語教育

　日本語教育は、大きく2つに分けることができます。広い意味での日本語教育と狭い意味での日本語教育です（尾崎2001など）。

　まず、狭義の、狭い意味での日本語教育ですが、これは多くの人がなんとなくイメージする日本語教育です。教師と学習者が、教室で、一定の計画に沿って学習活動、教育活動を行っていく。わたしたち教師は3か月でここまで達成してほしいと考えたら、では1か月ではここまで、今週はここまでというふうに、計画的に授業を進めます。学習者もやはり、教科書とノートを持って、さあ今日は先生と勉強するぞと思って意図的に学習をする。これは、狭い意味での、狭義の日本語教育と言えます。実際には教室内だけの活動ではないのですが、わかりやすく言い換

えるなら「教室の日本語教育」と言ってもいいかもしれません。

　もう1つが、広義の、広い意味での日本語教育です。狭義の日本語教育の参加者は教師と学習者ですが、広義の日本語教育の参加者はより広い範囲の人々です。支援者、あるいは援助者、それと習得者です。支援者、援助をする人というのは、教員も含みますが、たとえばお友だちであったり一緒に働く同僚であったり、ホームステイ先のお母さんとか、隣人、近所のおじさんおばさんであったり、あるいは家族、配偶者や自分の子どもであったり、この人たちもみんな支援者、援助者です。そして、「学習者」と自覚している人だけではなく、自然に習得していく人も含みます。これが広義の日本語教育の参加者です。「教室の日本語教育」に対するなら、「街の日本語教育」と言い換えてもいいかもしれません。たとえば、宮崎（2016）は、外国人力士の日本語習得について詳しく述べています。外国人力士のなかで、学校時代から留学生として日本に来ていた人は、先ほど見た狭義の日本語教育を受けている場合があります。でも、多くの外国人のお相撲さんが、自然な習得者として、たとえばちゃんこ鍋を作りながら、おかみさんや先輩のお相撲さんに「ちょっと、これ切っといて」とか言われながら、日本語を習得していくわけです。もちろん、そこには「早く日本語を話したい」という強いモチベーションがあるのですが、外国人力士が日本人の母語話者と同じように上手に聞いたり話したりしているのを、皆さんご存知かと思います。このように、場面としては教室ではなくて、相撲部屋の台所とか会社の給湯室やはたまた喫煙所とか、教室以外のところですね。そして、支援者たちは、計画的に教えようとは思っていない。非計画的だし、習得していく人も「さあ勉強するぞ」と思っているわけではない、非意図的な習得です。これが広義の日本語教育、「街の日本語教育」で、先ほど見た「教室の日本語教育」よりぐっと広い意味を含みます。

　本書は後者の、広義の日本語教育、街の日本語教育を中心に検討していきます。なぜかというと、広い意味での日本語教育は、多文化社会で生きていく責任ある市民として大切な力をつけていくという意味で、狭義の日本語教育、「教室の日本語教育」よりも、多くの人たちに必要と

されていると考えるからです。少子高齢化社会で、外国の人々に来てもらい、年金や税金を払ってもらわなければ立ちいかない日本社会にあって、多くの日本人が、教師としてではなく市民として、広義の日本語教育、街の日本語教育に参加することになるでしょう。では、そこで必要なごく基本的なふるまいとはどんなことか。ここでは、文化の捉え方を再考したうえで、「エポケー」、「自文化中心主義」などをキーワードとして考えてみましょう。

2 「異文化」との対立に、へこまないセンス

　最近、ケンカをしましたか。ケンカをするのは、利害の対立だけではなく、ものの見方や考え方、つまり「文化」や「価値観」の対立が原因の場合もあります。夫婦ゲンカも、大きくくくると「異文化間衝突」と言えそうです。たとえば、子育ての信念とか、掃除の頻度とか、納豆の食べ方とか。ですので、異文化とは、外国の人たちの文化や価値観に関わるものだけではありません。世代、年齢、性別、職業や社会的立場、家族の状況、あるいは障害の有無や出身地などによって、それぞれの文化は違います。

　文化とは何かということも、いろいろな考え方があります。以前、学生から、「この世界にはいくつぐらいの文化があるんですか」と聞かれたことがありました。おもしろいなあと思うけれども、国連に200弱くらいの加盟国があって、世界中の文化もそれと同じ数とは、もちろん決して言えないわけです。たとえば日本のパスポートを持っている20歳の男性と、日本のパスポートを持っているわたしのケースで考えてみましょう。その20歳の日本人青年とわたしとは、世代も性別もバックグラウンドもぜんぜん違うわけですね。だから、ぴったりと同じ文化に属しているとは言えません。むしろ、たとえば地球の裏側のアルゼンチンにいる、互いに会ったことはないけれども、わたしと同年代の女性の教員で、ことばを教えている、マリアさんという人がいたとして、マリアさんとわたしの文化的距離と、20歳で日本のパスポートを持っている男性との文化的距離と、どっちが近いかというのは、これはちょっと

わからない。むしろ、わたしとマリアさんの方が近い可能性はあるわけです。

　ですので、「世界にはいくつ文化があるのか」という質問に対する1つの回答として、今、世界中に77億人の人がいるとしたら、77億種類の文化がある、とも言えると思います。異文化というのは外国の文化だけではないというのは、認識しておきたい点です。

　また、ここで文化の定義はしませんが、ただ1点、確認しておきたいことは、文化というのは、固定している、静的なもの、静かに固まって定まっているものでは、決してないということです。いつも動いている、いつも変わっている、流動的で動態的で、そしていろいろな種類のものが折り重なっているような、複層的なものではないでしょうか。万華鏡は、くるくる回すと、鏡と光と色紙やガラスなどによって、どんどん変わる複雑な模様を作っている。文化も、そういうイメージです。しかも、人によってその見え方も捉え方も違う。もちろんそこには核になるもの、コアの部分はあるのかもしれないけれども、そのコアの部分もおそらく、変容していくものではないでしょうか。

　それで話を戻しますが、価値観が違う、文化が違う、考え方が違う、やり方が違うと、そこにはやはり誤解とか摩擦とか対立とかケンカなどが起こりがちです。そうした誤解や摩擦や対立やケンカが起こったときに、ものすごくがっかりしたり、パニックを起こしたり、相手を嫌悪しすぎてしまったり、つまり、相手の人を理解する努力を止めてしまい、その相手とのコミュニケーションラインをバッサリ切ってしまう、これが問題です。たとえば学生時代は、この人嫌い、合わないっていう人とは、あまりお付き合いしない、会わないようにすることはできるかもしれない。けれども、社会に出たら、社会人になったら、コイツ嫌いと思う相手、この人絶対合わないという人とでも、なんとか一緒に仕事をやっていかなければならない場面がある。もちろん、我慢しすぎたり、自分で自分に嘘をついたりするのはよくない。そこをうまくコントロールしながら、バランスを取りながら、なんとか「うまくやっていく」力、なんとかコミュニケーションラインを保っていく力は、持っていたい。

これが異文化との対立場面で大切なことの1つ目です。

　そこで大切になってくるのが、「エポケー」と呼ばれる概念です。「価値判断を保留する」ということです。あの人嫌い、この人ダメなやつ、この人はわたしと合わない、嫌な人、というふうに判断してしまう、それをちょっと保留してみるということです。あれ、なんでこの人こういうふうにしたのかなと、すぐに判断しないで保留しておくことができる。これは、わたしたちにとって、これからの社会を生きていくときに大切な姿勢です。

3　自文化中心主義とエポケー

　また、エスノセントリズム、日本語で自文化中心主義という意味ですが、自分の文化や自分の価値観が一番正しいと思って、それを他の人に押し付けようとするような思想、あるいは無意識の態度、ふるまいについてです。これは、残念ながらわたしたちみんなが持っています。自分の考え、自分のやり方、自分の価値観が一番いい、絶対正しいというふうに、わたしたちはどうしても思いがちです。自分のやり方の通りにしない人を「この人ダメな人、この人は切り捨てる」と断罪してしまうことがあります。そうしたとき、ちょっと立ち止まって、内省してみる。2つ目は、自分の中のエスノセントリズムを自覚することについて。

　わたしのずっと以前の体験ですが、若い時にインドに行って、電車に乗ったら途中で止まってしまい、2時間ぐらい動かなくなったことがありました。それで、わたしはとてもイライラして、次の予定もあって「どうして??」と怒って、「インドってもう本当に嫌な国、ダメな国」だと、その時に思ったのでした。そして「日本ではこんなことは絶対に起こらない！」と、自分の文化の方がいいと思ってしまう。そんなふうにわたしがプンプン怒っている時に、インドの人たちは電車からぞろぞろ降りて外に出ていき、なんだかみんな外でおいしそうなものを飲みながらトランプとか始めちゃって。結構、呆然としました。どちらがいいかわからないですね。イライラぷんぷん怒り続けるのか、あっさりあきらめてみんなでビールを飲みながらトランプやるのか、どちらが幸せな

んでしょう。

　もう1つわたしの経験ですが、これもずいぶん前の話です。わたしが新任の教師として学校に行った時です。その大学の4年生の韓国人留学生から、「新しい先生ですね。僕はキムです。どうぞよろしくお願いします」と、握手を求められたのです。わたしは新任の教師で、ちょっと神経質になっているところに、4年生の古株の学生が握手を求めてきた。その時に、わたしは、「この学生はすごく失礼な学生だ」と判断したのでした。日本の社会で、たとえば、初対面の、会社の上司になる人に、わたしが「有田です」と握手を求めるということは少し考えづらい。でも、韓国の人たちに聞いたら結構あるんですね。いや、それやらないという人もいるのですが、わたしのようにいきなり怒ったりするのは、やはり違う。だからここで、わたしは、キムくんという学生に対して「失礼な学生だ」と思ってしまったけれども、そこでやはりエポケー、あれ？　どういうことかなとちょっと保留してみる。そういう力は必要だと言えるでしょう。

4　「プログルステス」にならない

　プログルステスのベッドという話が、ギリシャ神話に出てきます。プログルステスという悪い泥棒がいました。この人は旅人をお客さんとして招いて家に泊まらせますが、客間には自分があつらえたベッドが置いてある。お客さんが背が高い人で足がベッドから飛び出している場合、プログルステスは怒って、お客が寝ているときにその足をバサッと切ってしまいます。それから、身長が低い人で、ベッドの長さがちょっと余ってしまうと、それもプログルステスは気に入らず、お客さんの体をグイ〜ンと引き延ばしてベッドの寸法に合わせてしまう、というような話です。この話を学生たちにすると、「そんなバカなことをする人、いませんよ」とみんな笑います。けれども、よくよく考えると、わたしたち、プログルステスと同じようなことをしていませんか。自分の物差し、自分のやり方に合わない人を、無理やり合わせようとする。そんなときにやはり、「あ、今、わたし、もしかしたらちょっとプログルステスに

なってたかも」というふうに、自分を見る力、自分の「常識」や「あたりまえさ」を検討の俎上にのせて相対視する力というのは、いま、わたしたちに求められています。

5 「常識」「あたりまえさ」の落とし穴

　自分の「常識」「あたりまえさ」を相対視するために、ここでは、いくつか例をあげて考えたいと思います。いずれも、在日外国人のなかで最大人口の中国に関わっています。

　1つは、子どもたちに関することで、齋藤（2003）で指摘されているエピソードです。今、学校にたくさんの外国ルーツの子どもたちがいます。ある日本語クラスで中国から来た子どもとブラジル人の子どもが隣同士に座っていました。中国人の子どもが消しゴムを忘れてきて、隣にいるブラジル人の子どもの消しゴムを取って使って、また返してというふうに、何回かやっていたのです。そうしたらブラジル人の子どもは嫌そうな顔をしたけれど、何も言わなかった。それを見ていた先生が、中国人の子どもに「〇〇さん、お隣の人の物を借りるときにはごめんね、ありがとうって言わなきゃだめだよ。ここは日本だから日本人と同じようにしなくちゃ」と厳しく叱ったのです。でも、中国人の子どもは納得できず、「なんで叱られるんだろう」と思っている。そうすると先生は、この子は礼儀を知らない、家庭内の教育が十分ではないと判断・評価する可能性があるのです。

　一方で、これもよく言われることですが、中国人の留学生は日本での勉強中に一時帰国した時に、祖国に帰って家族やお友だちに「ごめんごめん」とか「ありがとうありがとう」「すみません」と何度も何度も、もちろん中国語で言ってしまう。日本のやり方が染みついていて。そうすると家族やお友だちに「それ気持ち悪いからやめて」と言われるそうです。つまり、「ごめんなさい」とか「ありがとう」ということば自体が、人間関係の距離を感じさせてしまうから、言ってほしくないという文化がある。

　これについて日本語を例として少し解説すると、日本語の敬語には2

つの機能があります。1つは、相手の人への敬意を表すという機能。これはわかりやすい。もう1つは、相手の人と距離をとりたい、あなたとわたしはあまり親しい関係ではないんだということを示したいときにも、敬語を使います。たとえば夫婦間でも、いつもはいわゆるタメ口で話しているけれど、ちょっと喧嘩するといきなり敬語になって「それ召し上がらないんですか」なんて言って相手と距離をとりたい。敬語には、敬意を示すだけではなく、相手との距離を作り出す機能もあるわけです。

　それで、中国社会での、全部ではないし変わりつつあるとも思いますが、「ありがとう」とか「ごめんなさい」ということばが、日本語の敬語と同じような機能を持つ場合があるのです。

　ですので、この消しゴムのケースだと、中国人の子どもは隣のブラジル人の子どもと友だちだから、なぜ「ごめんなさい」とか「貸して」とかいちいち言わなければいけないのかわからない。それを日本人の教師としては、礼儀正しくない、家庭教育が不十分だと評価してしまう。やはりこれは問題なわけで、その行為の後ろにどういう背景があるのかというのは、大人は知っていた方がいいけれども、少なくともそこで判断は保留した方がいいということです。つまり、エポケー、その場で断罪しないことが多くの場合必要です。

　それからもう1つ、『まんが　クラスメイトは外国人』に出てくるエピソードです。日本人の夫婦が赤ちゃんを連れて中国に旅行しました。それで、バスに乗るときに、日本だったら並ぶけれど、その当時中国では並ばないで、みんなどんどん先に乗っていってしまい夫婦はびっくりしています。そうやって乗るときに驚いたけれど、乗った後もびっくり。あんなにみんな我先にと乗っていったくせに、赤ちゃんを抱いた自分たちが車内で立っていたら、みんなが「ちょっとこっち座って」「こっち！こっち来なさい」のように、絶対に立っていちゃいけないと席を譲ってくれる。これも日本ではなかなかないなぁと言って、バスに乗るときも乗ってからもびっくりしたという話です（みなみ他2009）。どっちがいいどっちが悪いではなく、やはり違うところがある。だから、自分の物差しで判断してしまいがちだということは、わたしたちみんなが

自覚しておきたいところです。

6 「脱亜入欧」?「名誉白人」?を返上する

　本章の最後に指摘したいのは、アジアの国々とかアジアの人々についての、日本社会の意識や、その状況について、客観視する姿勢が求められているということです。変わってきてはいるけれども、まだわたしたちの社会には西洋を崇拝する、そしてアジアを軽視するというような風潮が、残念ながらあります。これは伝統的にあるのではなくて、日本社会の近代化の過程で構造的に作られてきたものだと言えます（浅野1998、小熊 2018 など）。産業革命を先に経験し多くの植民地を獲得しさらに豊かになった欧米を模範として、欧米と同じような「近代国民国家」になろうとしたのが明治以降の日本でした。それまで長く強く影響を受けてきた儒教を批判し、「彼ら（中国や朝鮮）の進化を待っていては日本が不当に立ち遅れてしまう。もはや待っている訳には行かぬ」と福沢諭吉が脱亜論を説いたのが、1885 年（明治 18 年）。福沢は長く 1 万円札の肖像だった人物です。「欧米崇拝・アジア軽視」の社会的雰囲気は、いまだ亡霊としてわたしたちのふるまいの中に見え隠れすることがあります。

　留学生のホームステイ先を探すときに、これは日本全国で起こりがちな現象ですが、受け入れを希望する家庭から「ホームステイに留学生の方どうぞ来てください。先進国からの白人の人をお願いします」と言われたことがありました。在留外国人の 8 割、そして留学生だけを考えると 9 割以上が、アジアからの人たちです。日本人と同じ、アジア人です。その人たちが、日常的に被差別感や疎外感を持っているとしたら、これはわたしたちひとりひとりが考えていかなければならない問題です。

【参考文献】
青木直子・尾崎明人・土岐哲編著（2001）『日本語教育学を学ぶ人のために』社
　会思想社

浅野真一（1998）『現代日本社会の構造と転換』大学教育出版
小熊英二（2018）『決定版 日本という国』新曜社
齋藤守臣（2003）「日本語教室における同化圧力の検討」岡崎洋三・西口光一・山田泉編著『人間主義の日本語教育』凡人社 pp.197-206
福沢諭吉著・平山洋編（2014）『時事大勢論 福沢諭吉著作集 第10巻』常葉書房
みなみななみ・「外国につながる子どもたちの物語」編集委員会編（2009）『まんが クラスメイトは外国人 入門編』明石書店
宮崎里司（2016）『外国人力士はなぜ日本語がうまいのか』SMART GATE Inc.

読書案内

『にほんでいきる　外国から来た子どもたち』毎日新聞社取材班編（2020）明石書店

　外国につながる子どもたちの問題は、本書でも第6章で詳しく述べる以外に何度も取り上げる通り、日本語教育界の、そしてこの社会全体の大きな、喫緊の、課題です。日本に来て日本語を学ぶ場がなく苦しんでいたり、「違い」を理由にいじめの標的になったりする場合もあります。けれども、そんななかでも希望を見つける子どもたちの声を伝えています。わたしたちにとって「エポケー」や「自尊感情」がどのくらい大切か、再確認できます。

『わからないことは希望なのだ―新たな文化を切り拓く15人との対話』春原憲一郎（2010）アルク

　日本語教育界を長くあたたかく牽引してこられ、2021年に亡くなった著者による、15名の人々との対談集です。文化的背景が異なる人たちとの日常は「わからないこと」が多いのですが、だからこそ「ゆっくりと時間をかけてとことん考え抜くこと」、ぎくしゃくしても粘り強く関わり続けていくことが、豊饒な社会と文化を生みます。たくさんの本が読みたい、人々と意味のある対話をしたい、そうしたら何かが変わるかもしれないと、希望が湧いてくる書物です。

この章を読んだあとで――課題

① 「文化の違い」を感じたことがありますか。これまで経験した「文

12

化の違い」について、どのような場面で、どのような人たちのなかで、どのようにして「違い」を感じたのか、思い出して仲間に話してみてください。本文で述べた通り「異文化」は「外国」の文化とは限らず、世代、性別、地域、育った環境など、さまざまな側面での「違い」として現れます。

② あなた自身はこれまで、「エスノセントリズム（自文化中心主義）」的な言動を行った／あるいは受けた経験がありますか。あるいは「プログルステス」的なことを経験したことがありますか。その経験がある場合、自分が「プログルステス」的だったこと、あるいは、そうした言動を受けたことについて、注意深く思い出し、言語化してみましょう。

③ 日本社会で「西欧崇拝・アジア軽視」という傾向を、あなたは感じたことがありますか。具体的にどのような場面だったか、思い出してみてください。また、海外で、あるいは日本国内で、あなた自身は「アジア人」として差別を受けたことがありますか。その経験がある場合、それを言語化し、仲間に話してみてください。

第2章
外国から来た人たちと日本語学習

自分が外国に住むことになったとしたら、その地域のことばを勉強したいと思いますか。観光など一時的な滞在ではなく、一定期間滞在するとしたら、自分の母語ももちろん使い続けたいと思うと同時に、その地域で使われていることばも勉強して使いたいと思う人が多いのではないでしょうか。

仕事をしたり子育てをしたりするとき、その地域のことばを使えるようになることは、自分と家族の安全を守ることにもつながります。また子どもたちには母語を学ぶ権利もあります。この章では、日本に来た外国籍住民の人たちは、どこで、どのくらい、どのようにして、日本語や母語を学んでいるのかについて見ていきましょう。

【キーワード】外国籍住民、在留資格、日本語学習機会、日本語教育推進法、言語権、子どもたちの権利

1 日本社会の外国籍住民の受け入れ状況

　日本で日本語を学ぶ人たちは、必ずしも「外国人」だけではありません。次章で見る通り、日本国籍の人も、あるいは複数の国籍を持っている人も学んでいます。ただ、ここでは在留資格別、国・地域別の外国籍住民の数と、その人たちの日本語学習状況を知ることによって、日本語教育の観点から日本社会を見たときの課題を浮き彫りにしてみたいと思います。ですので、まずは日本にいる「外国籍住民」の状況を数値で見てみましょう。

法務省の 2023 年 6 月の統計です。

　全体では、在留外国人数（中長期滞在者と特別永住者）は 322 万 3858 人です。日本の全人口（外国籍を含む）が 1 億 2400 万人だとして、おおよそ 2.6% ぐらいが外国籍住民と言えます。

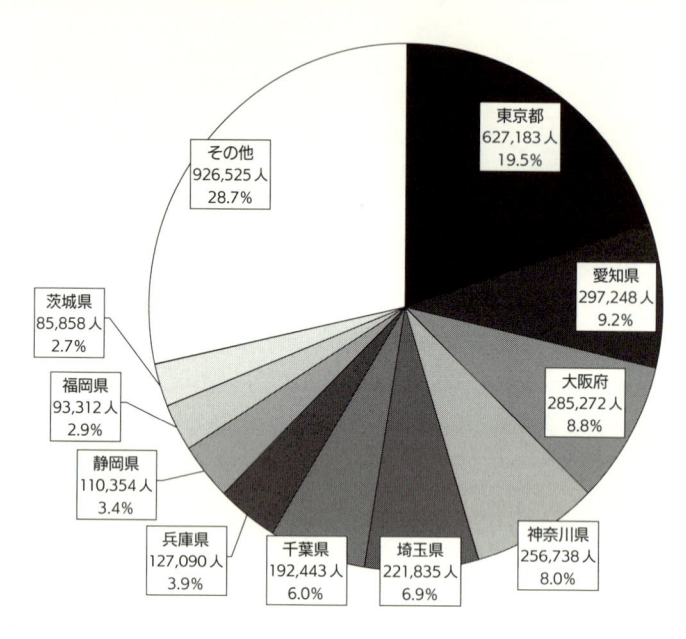

都道府県別在留外国人数
（法務省「令和 5 年 6 月末現在における在留外国人数について」第 4 図）

　都道府県別で見ると、東京、愛知、大阪、神奈川など、やはり大都市圏が多く、東京などは全人口比で 4% くらい、コロナ禍で激減したとは言え新宿区や豊島区などは 7% を超える区民が外国籍です。しかし、たとえばわたしが住んでいた新潟県新潟市では、外国籍住民は 5810 人。新潟市の全人口が 80 万人ぐらいなので、人口比としては 0.6% ほどと、少ないのですね。東京などの集住地域に対して新潟県などは散在地域と呼ばれることもあり、外国人はいるし増えつつあるけれどもまだあまり目立たない存在だと言えます。地域によって大きくばらつきがあります。

　次に、出身の国・地域別で見てみましょう。やはり中国の人が一番多

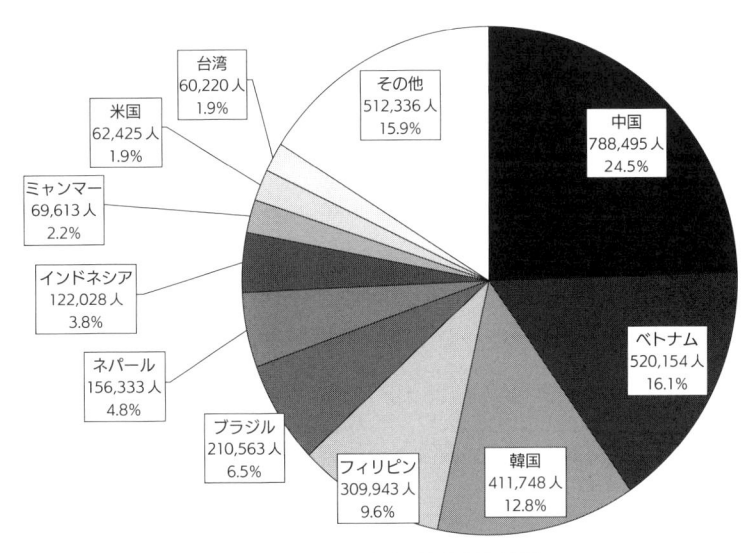

出身国・地域別在留外国人数
（法務省「令和5年6月末公表資料」第3図）

いです。そして、ベトナム、韓国、フィリピン、ブラジル、ネパールと続きます。ベトナムの人たちは、この10年ほどで急激に増えましたが、現在その増え方が鈍化しています。そして、圧倒的にアジアからの人たちが多いということがわかるかと思います。

　少し余談ですけれども、日本に来る外国人を取り上げたテレビのバラエティ番組が人気がありますが、取り上げられる外国人の多くが欧米系の白人だという傾向があります（米倉2015）。テレビでは見た目で外国人とすぐわかるので、確かに取り上げられやすいということがあるかもしれません。けれども、メディアによって、外国人は、白人で鼻が高くて英語を話して、のようなイメージが作られていますが、数値を見てみると現実はそのイメージと違うことがはっきりわかります。日本と同じアジアの、近隣諸国からの人たちが圧倒的に多いということです。こんなふうに、メディアで作られるイメージ、そこで報道されること、あるいは活字になっていること、あるいは政治的リーダーのような「権威」のことばとか、あるいは、わたしたち教員が言っていることなど、「鵜

呑み」にしてしまうのは危ないです。本当にそうなんだろうか、自分の
これまでの体験や感覚と少しずれているんじゃないかと感じる時がある
と思います。信頼できるデータや自分の具体的な経験をもとに、自分の
頭で考えて、だまされないようにしたいものです。

　次は、在日外国人の在留資格別の人数を見てみましょう。こちらも法
務省からの数字です。

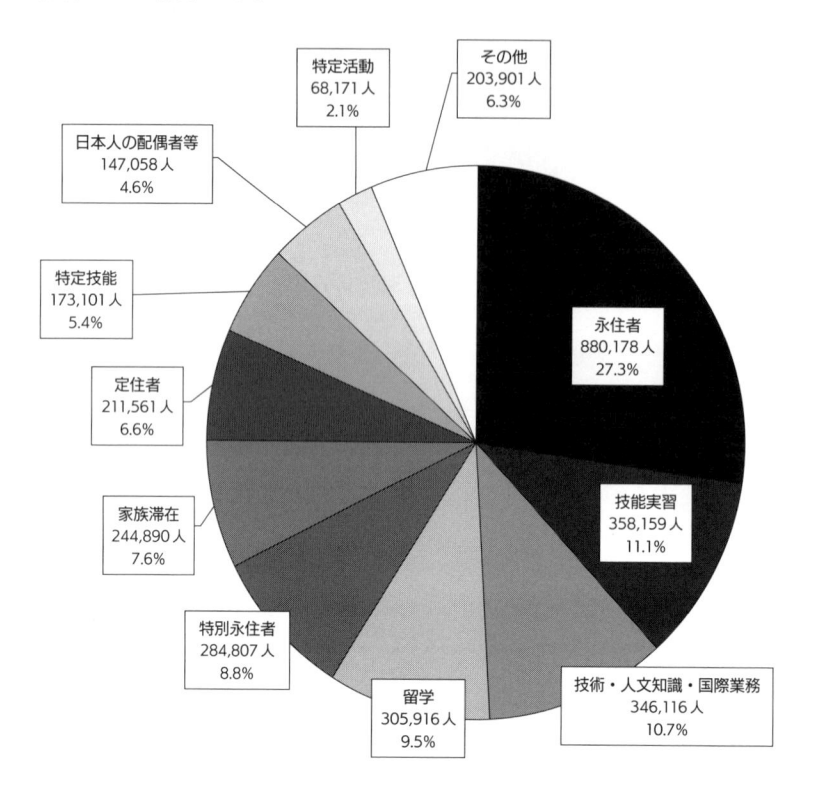

在留資格別在留外国人数
（法務省「令和5年6月末公表資料」第2-2図）

　永住者が一番多いです。永住者は、もともと別の資格、たとえば日本
人の配偶者、永住者の配偶者、留学などのビザで入国し、その在留資格
を変更し長く日本にいる人たちです。長く日本に住んでいるので不自由

なく日本語を使う人も多いですが、読み書きは得意ではない人、ほとんど日本語を使わずに生活している人もいます。

　2番目が技能実習。1993年に作られた技能実習制度については、その目的と実際の運用に齟齬があり、人権侵害などの問題が起こりやすい制度だと指摘され続けてきました。「途上国への技術援助（国際貢献）」のためとうたわれながら、実際には日本社会の労働力不足を補う目的がある制度です。人権を無視した働かせ方をしている例もあり、全国で技能実習生の「失踪」なども起こっています。最長で5年日本にいることができますが、その後も、新しくできた別の在留資格「特定技能」[1]に変わることにより、長期に日本にいられるようになりました。また、技能実習生には言語能力に明確な定めがなく、日本語教育を受ける機会はごく限られていると言えます。このように問題がある制度なので、政府の有識者会議において、制度の目的をこれまでの国際貢献から外国人材の確保と育成に変え、名称も「育成就労」制度とするとの報告が提出されました。そして、2024年6月、技能実習制度を廃止し、新たに育成就労制度を設けることを柱とする改正出入国管理法が、参議院本会議で可決・成立しました。「廃止すべき」との意見は、当事者団体や弁護士団体、労働組合など外国人支援団体、そして研究者などからの長年の指摘や要望が反映したものでした。これまでも批判されてきた転籍（職場の変更）制限について、「育成就労」制度では転職要件が緩和されます。けれども最長2年は同一企業に引き留めることが可能な内容なので、人権としての「職業選択の自由」が十分認められているとは言えません。保守派からの「一番人材が必要な地方から、賃金の高い都市部に人材が流出しかねない」という主張があるためです。

---

1) 2019年4月に施行された改正入管法で、新たな在留資格「特定技能1号」と「特定技能2号」が新設されました。法務省によれば「即戦力となる外国人材」の就労のための資格です。1号は5年の在留期間、2号では在留期間制限がなくなり家族の帯同もできます。技能実習生は、特定技能1号への移行が可能です。2023年6月現在では図に示した通り17万3千人あまりですが、2年ほど前からどんどん増えていて、政府は今後5年間で82万人を特定技能で受け入れると見込んでいます（朝日新聞2024.3.19）。在留期限制限がなく家族を帯同できる特定技能2号の在留資格を持つ外国人は、事実上の「移民」と言えます。

一方、日本語能力について新しい「就労支援」制度では、就労開始時、特定技能 1 号移行時、特定技能 2 号移行時、それぞれの段階において必要な日本語力が明示され、転職時の日本語能力も規定されます。ただ、「話す力」の項目がない日本語能力試験 N4 相当や N3 相当なども評価基準として示されている点や、外国人が日々就労しながら日本語習得のための勉強も両立していけるのかどうか（わたしにとっても働きながら学び続けることは、相当の努力や覚悟が必要です！）、その環境が保証されるのかどうか、などの点で課題があります。ですので、ほんとうに「技能実習の廃止」と言えるのかどうか、まだわかりません。今後も日本政府が外国人労働者の日本語習得への十分な投資をせず、外国人労働者本人のみの意欲や努力次第だとされてしまうなら、政府の目指す「選ばれる国」にはならないように思います。今後の行方を注視したいところです。

　次の技術・人文知識・国際業務資格は、主として日本の大学や専門学校などで留学生だった人たちが、卒業後に自分の専門を生かして日本の会社で働くという場合です。海外の大学を卒業した IT 技術者などもこの資格が多いです。最近は「ギ・ジン・コク」と略して呼ばれ、日本の労働市場で注目されています。もともと留学生だった人たちは日本語能力が比較的高いです。

　それから、留学生。習得状況にばらつきはあるものの、ほとんどの人たちが前章で述べた狭義の日本語教育を受けていて、一定の日本語能力を持っています。

　次が特別永住者。この人たちは、いわゆる在日コリアンの人たちで、日本生まれ日本育ちという人が多く、日本語については問題のない人がほとんどです。むしろ、コリア語（韓国／朝鮮語。p.149 の注を参照）を勉強したいと思っている特別永住者の人たちもいます。しかし、高齢の一世の方たちのなかには、文字を学ぶ機会を得られず、今も、後述する夜間中学などで日本語の読み書きを学ぶ人もいます。

　家族滞在は、一定の在留資格を持ち日本に滞在する外国人の扶養家族のための資格です。

　定住者は、多くが「日系人」の人たちです。永住者と同様に就労の制

限がありません。ただ、永住者は在留期限がないのに対し、定住者は在留期限がきたら資格の更新を毎回しなければなりません。また、日本ではまだとても少ないですが、「難民認定」をされた人たちも定住者となります。それから、「家族滞在」で日本にいた子どもたちは10年以上日本で教育を受け高校を卒業した場合、定住者としての資格が得られます。また、中高生で来日しても、日本で高校を卒業すれば、次にあげる「特定活動」を経て定住者となる条件が明確になりました（朝日新聞2024.7.2）。この点からも、海外ルーツの子どもたちにとって、少なくとも高校を卒業することの大切さが指摘できます。

　「特定活動」は、「他の在留資格に該当しない活動」で、わかりにくいですが（そして、先に述べた「特定技能」とは別の資格です！）多くの活動が指定されています。インターンシップやワーキングホリデーなども入ります。大使館員の家で働く家事労働者なども入ります。日本政府とEPA（経済連携協定）を結ぶインドネシア・フィリピン・ベトナムからの看護師・介護福祉士、その研修生などもこの資格です。就職先が決まらないまま卒業した留学生の就職活動期間も、この資格です。

　在留資格としては、このような人たちがいます。基本的な数値を見てきましたが、こういう状況の中で、では、日本語教育の観点から日本社会を考えたときの課題とは何か。特にここで2点、2つが相互に関連していることですが、まとめてみます。

2　限られている日本語学習機会

　1点目は、日本語を勉強する機会がなくてことばに不自由している人たちが多いということです。前章でお話しした狭義の日本語教育を受けている、あるいは日本語能力については問題ない人は、全体の3〜4割だけです。まず、特別永住者、在日コリアンの方たちは、前述しましたが日本語について問題がない人がほとんどです。永住者も長く日本にいて、大きな不自由がない人が多いです。それから、留学生は、一応正規の日本語教育を受けている。そして元留学生、今は「ギ・ジン・コク」など別の在留資格になっている人たち。これら特別永住者、留学生、

元留学生などの人たちは、日本語が母語である人もいるし、そうではない人たちも比較的高い運用力を持っていると考えられます。

　一方で、それ以外の人たち、技能実習生や来日間もない日本人の配偶者の人、日系の人たちとかビジネスパーソンなどは、狭義の日本語教育を受けていない人が多いです。

　これは大きな問題で、たとえば隣の韓国では、結婚して韓国に来た外国人は、ほぼ無料でプロの先生から正規のコリア語教育を受けることができます。そうした制度が日本ではまだなくて、日本語教育関係者がこれじゃまずいですよ、きちんと制度を作らなければならないですよと、30 年ぐらいずっと言い続けてきましたが、やっと、2019 年に日本語教育の推進に関する法律（略して「日本語教育推進法」）というのができました。まだ韓国並みに整った言語教育制度になったというわけにはいきませんが、この法律はできてよかったのです。たとえば、日本語教育の目的が、国内的には「多様な文化を尊重した活力ある共生社会の実現」、国外では「交流促成と友好関係の維持発展」と明記されたことはとてもよかった。戦前戦中の同化のための教育とか文化侵略のようなことでは断じてない、ということです。「共生社会」とは、については継続して考えていく必要はありますけれど。また、日本語教育の責任主体が明らかになったこともよかった。つまり、制度を作りお金を出すのは、国・地方自治体・外国人等を雇用する企業の、三者だと明確になりました。

　一方で、この法律は足りない点があります。日本語学習者の権利について、言及がないという点です。日本も批准している国際人権規約に「言語権」という基本的人権が明記されていますが、その権利について触れていません。言語権というのは、自分の母語や継承語（heritage language。居住している地域で主に使われる言語と家庭で使う言語が違う場合、家庭で家族内で話す言語。家族から継承した言語）を学び使う権利と、居住している地域で使われている言語を学び使う権利です。日本語教育推進法は、この人権としての言語権への配慮がない。杉本（2022）の指摘によれば、この法律上で日本語教育機会の提供は、どちらかというと、「かわいそうな外国人への恩恵的措置」「ことばが不自由で困っている人

たちへの道徳的支援」という段階にとどまっています。しかし、本来、それは「恩恵」でも「道徳」でもなく、自分が使いたい言語を使える精神の自由権であり、その言語を使える環境を国家に要求できる社会権としての人権です。この点が示されていません。かつ、基本だけの理念法で、実際の具体的な運用については今後のそれぞれの活動主体次第です。そういう意味で、法律ができたことはとてもよかったけれども、まだまだ十分とは言えず、日本語が不自由で困っている人たちが依然として多いことがいまだ現実です。

3　海外ルーツの子どもたちのこと—日本語は「ペラペラ」だけど

公益財団法人かながわ国際交流財団（2014）より

　日本語教育の観点から考えたとき、もう１つの大事な問題が、子どもたちについてです。この４コマ漫画を見てみてください。ある中学校で、エリック君という男の子が「そりゃもうザンネンなことになっちゃってさ〜」「マイッタよ」と言ったら、「なんだヨそれ〜」なんてお友だちが言っています。ですので先生は、「エリックは日本語うまいな」と。お友だちもみんな笑っているし、先生は「大丈夫だな」と思っています。３コマ目で、ALT の外国人の先生とも英語でペラペラ喋ってい

るので、担任の先生としては「はじめての定期テストがあるけれど、この分じゃ大丈夫だろう」「英語も OK だな」と安心した笑顔で言っていますね。でも、実際のテストでは、英語9点、数学1点……「なんで!? どういうことっ？」と、とても残念なテストの点数ということですが、エリック君は「どうせオレ日本語わからないし…」と言っています。

　これが、わたしたちが直面している問題です。日本語が不十分なまま社会に押し出されていってしまう子どもたちがかなりたくさんいるという、日本社会の大きな問題です。第6章で詳しく見ますが、ここでも短く説明します。

　外国にルーツを持つ子どもたちについて、ある地方都市の状況を見てみましょう。義務教育学齢期の外国籍住民、中学生までの子どもたちは、206人です。このうち教育委員会の言う日本語指導が必要な児童生徒数、つまり、日本語指導を受けている子どもたちは、56人。206人のうちの約4分の1ですね。前述した通り、在日コリアンの子どもたちのように、日本語に問題ない子どもたちもいますけれども、それにしても4分の1というのは少ない。では、どうして少ないのでしょうか。

　まず1つの理由としては、誤解が起こっている可能性があることです。エリック君のように、日本語をペラペラ話しているけれども、実は日本語を十分に習得していない可能性があります。言語能力には2種類あると言われていて、それは生活言語能力（正確には BICS：Basic Interpersonal Communication Skills　対人コミュニケーションの基礎スキル）と、学習言語能力（CALP：Cognitive Academic Language Proficiency　認知的学問的言語能力）です（カミンズ・中島 2021）。生活言語というのは、日常的なおしゃべりのことばです。たとえば、子どもたちと対話の中で「ね、これ、わかった？」「うん、わかった、わかった」「OK、じゃあね、ちょっとこれ書いてごらん」「は〜い」のようなやりとりです。こうしたやりとりができるのは、生活言語能力と言えます。一方で、学習言語能力は、今の文脈だと「理解したことを記述しなさい」のように言われたり書いてあった場合にその意味を理解したり、こうしたことばを自分で書いたり話したりする力です。

子どもたちにとって生活言語の習得は早く、人によっては1年ぐらいでとても上手になります。大人に比べたら発音や言い回しなどもネイティブのようで、確かにペラペラ話す子どもたちも多いです。

　けれども、学習言語能力は、生活言語能力の3倍から5倍の時間がかかると言われています。たとえば、進学率を考えてみましょう。日本人の子どもたちの中学校から高校への進学率は100％に近い。一方で、外国ルーツの子どもたちの高校への進学率はそれよりも低く、かつ、高校に進学したとしても途中で退学してしまう率がとても高いのです。あんなに日本語ペラペラ話してるのに勉強ができないのは、頭が悪いからだとかサボっているからだとか、周りの大人に判断されてしまうことがある。でも、実は頭の良し悪しとかサボってるサボっていないという問題ではなく、日本語が習得できていないという問題があって、これがとても重大な点です。

　そしてもう1つの理由が、そもそも就学していない可能性があることです。これは、日本の国内法、憲法にしても教育基本法にしても、外国人の就学義務が書かれていない。つまり、権利も義務も主語が「日本国民は」となっています。日本語がわからず、学校に行って教室に座っていても、先生の言っていることも授業の内容も、クラスメートが話していることもわからなくて、結局学校に来なくなってしまうという子どももいます。日本人の生徒が不登校になった場合、先生たちは電話をかけたり家庭訪問したりします。しかし、外国人の場合は法的な義務がないので、「やっぱり来れなくなっちゃったね」「残念だね」と、そのままになってしまう可能性もあります。今の日本の社会で学校社会からドロップアウトしてしまうというのは、大きな生きづらさを抱えることになります。そして、社会的な居場所がなくなってしまうと、反社会的な団体とか、犯罪行為に巻き込まれるようなことも起こってくる可能性があるわけです。一生懸命やってみたけど結局ダメだった、とあきらめてドロップアウトしてしまう子どもたちもいる。これは、この子どもたちの自己責任だと断じることができるでしょうか。これは構造的な、つまり、この子どもたちが自分の意欲に見合う学力を身につけられる社会を

作ってこなかった、わたしたち大人の責任です。この子どもたちにしっかり学力をつけてもらう、そのシステムが必要です。

　お隣の韓国の場合、たとえば韓国人男性と結婚したベトナム人のお母さんがいる子どもは、学校に行くと「君は将来韓国とベトナムをつなぐ大切な人材だから、ちゃんとベトナム語も勉強するんだよ」という理念のもとで、学校でベトナム語の先生を雇ってくれるのです。子どものために韓国語の勉強だけではなく、もう1つの母語の勉強もできる。制度上はそうなっている（元 2018）。現場では混乱はあるようです。けれども制度としてはあって、使おうと思えば使えるのですね。それに対して日本はかなり遅れていて、2019 年に前述の法律ができたので、不十分ではあっても少しずつ変わってはいくはずだけれども、子どもたちは待ったなしでどんどん大きくなって、どんどん社会に押し出されていってしまいます。もちろん多くの人たちの努力で改善しつつあるけれども、まだ指の間からこぼれるように、言語や学力の問題で苦しみ続けている子どもたちがいる。ですので、この子どもたちに学力をつけてもらうシステムを整備することが必要だということ、これが日本語教育からこの社会を考えたときの、重大な課題です。

【参考文献】

朝日新聞（2024）「特定技能受け入れ 2.4 倍　5 年間で 82 万人　人手不足で拡大」2024 年 3 月 19 日
朝日新聞（2024）「在日外国人の子　定住要件明確化」2024 年 7 月 2 日
カミンズ，ジム・中島和子（2021）『言語マイノリティを支える教育 新装版』明石書店
技能実習制度及び特定技能制度の在り方に関する有識者会議（2023）「最終報告書」
元眞淑（2018）「韓国の二重言語政策の現況と課題：二重言語講師を中心に」包摂型社会研究会『関西都市学研究 2 巻』pp.40-46
公益財団法人かながわ国際交流財団（2014）『あるあるマンガで読む　外国につながる生徒の高校進学サポートガイド〜困ったときの 10 のヒント』
杉本篤史（2022）「言語権の視点からことばの教育を再考する」稲垣みどり・細川英雄・金泰明・杉本篤史編著『共生社会のためのことばの教育─自由・幸福・対話・市民性』明石書店　第 4 章

法務省（2024.3.15）「法務大臣閣議後記者会見の概要」moj.go.jp/hisho/
　kouhou/hisho08_00495.html（2024.4.27 最終確認）
米倉律（2015）「テレビ番組における訪日外国人、国内在住外国人の表象—地上
　波民放の「外国、外国人関連バラエティ番組」を中心に」新聞学研究所紀要
　／日本大学法学部新聞学研究所編『ジャーナリズム＆メディア』第 8 号
　pp.189–205

読書案内

『「移民国家」としての日本—共生への展望』宮島喬（2022）岩波新書

　著者はヨーロッパの移民研究の知見をもとに、1990 年代より日本の
外国人問題にも鋭く発言し続けてきた社会学者です。この新書では、日
本をいまだ「フェア」な制度を持たない「移民大国」として、その前史
や経緯、現状を、「先輩移民国」ドイツやフランスの先例を参照しつつ、
わかりやすく解説しています。そして、共生社会への支援の第一歩とし
て、中長期滞在予定の外国人への無料かつ数百時間の日本語教育受講の
機会を公費で行うことを提案します。

『ふるさとって呼んでもいいですか—6 歳で「移民」になった私の物語』ナ
ディ（2019）大月書店

　「満員電車も、働きすぎなところも」日本が大好きだというナディさ
んは、イランから家族 5 人で来日した 6 歳のときから高校生まで、在
留資格のない外国人として暮らしました。10 歳で小学校に通うように
なるまで、働く両親に代わり家で小さな弟たちの世話をしたのです。怪
我をしても健康保険がないために治療できないこともありました。地元
の町内会長もつとめたお父さんも、在留資格がないために何度も警察に
捕まりました。ナディさん家族は「私の人権はイランに置いてきた」
「日本では黙っているべきだ」と考えていたのです。日本語教育の周辺
には、社会の「隠れた」「隠された」問題がたくさんあります。全編ル
ビ付きでわかりやすい文章で書かれたナディさんの物語は、「無知」で
いることの罪をわたしたちに突きつけます。

① あなたが住む自治体の外国籍住民の状況を、調べてみましょう。まず、法務省や自治体のホームページなどで、人数・出身地・男女比や年齢などについて、どんな特徴があるか見てみましょう。また、各自治体における外国人向けの各種サービスについても調べてみてください。どのようなサポートがあるか、ないか。外国籍住民として住みやすいか、住みにくいか。生活情報や相談窓口などについて、それぞれの国際交流協会などからの情報を調べてみましょう。

② 本文中に述べた「日本語教育推進法」の成立も契機となり、各自治体に「日本語教育の推進に関する基本方針」（自治体により呼び名はそれぞれです）ができつつあります。あなたが住む自治体の「基本方針」を調べ、読んでみてください。どんな特徴があるか、どんなことに気が付いたか、仲間と情報交換してみてください。

③ あなたの住む地域に「日本語教室」がありますか。多くが公民館や国際交流協会などの一部を教室として使い、市民のボランティアによって担われています。もしできれば、適切な手続きで連絡を取り、見学をしてみてください。どのような人たちが日本語を使って交流活動・学習活動を行っているでしょうか。

日本と韓国は、外国人がどんどん来始めた時期が、少し違います。日本社会に外国人住民が急増したのは、1980 年代からです。それに対して、韓国は、1990 年代の半ばごろからで、2000 年代に入りさらに増えました。

もともと韓国では、日本の「技能実習制度」[2]を模して、来韓外国人の「研修就業制度」というものがありました。

しかし、2004 年に「研修」や「実習」ではなく「労働者」として受け入れる「雇用労働制」という、非熟練労働者を受け入れる外国人労働者政策の転換を行いました。2007 年には、差別防止や人権擁護の教育活動、海外ルーツの子どもの教育支援などを定めた「在韓外国人処遇基本法」、翌年 2008 年に「多文化家族支援法」を制定しました。

これらの法的根拠により、在住外国人、特に移民女性たちへの、言語学の知見に基づいた体系的で高水準の韓国語教育、韓国社会文化教育をはじめとする社会統合プログラムを、政府主導で矢継ぎ早に作ってきました（佐野 2021、春木 2022 など）。

一方、日本社会には、韓国よりも前から入国する外国人が増加していましたが、現状の制度を見ると、韓国より遅れていると言わざるをえません。近くにいる外国人がこんなに困ってるからなんとかしなくてはと、一般の市民がボランティアで日本語を教え始め、地域の市民ボランティアによる日本語教室が、1980 年代末から 90 年代始めにかけて日本全国でどんどんできました。ですので、草の根の普通の市民が「大変だぁ」とばかりに、止むに止まれず活動を始めていったという状況です。その場は現在、外国人と日本人のあたたかく楽しい交流の場、そして外国人住民同士も安心して一緒にいられ情報交換できるような居場所となっていると言っていいでしょう。

しかし同時に、本来は「公共」で担うべき日本語教育が、善意の市民、しかし多くが無資格のボランティアの人たちに丸投げされている場、ともなっています。つまり韓国のトップダウンに対して、日本はどちらかと言うとボトムアップと言えます。

ここからわかるように、韓国と日本とでは、その政府の姿勢が違います。韓国は日本政府と同様に「移民」ということばを使いませんが、日本よりも大きな予算を在韓外国人の社会統合政策に使っています。外国人に韓国に来

2）もとは「外国人研修・技能実習制度」と言いました。今後は「育成就労制度」という名称になります。第 2 章も参照してください。

てもらって、働いてもらって、年金や税金をきちっと払ってもらう、結婚して韓国に来た人たちはもとより、労働者として来た人たちも韓国語が上手になり誠実に働いているなら、韓国社会に長くいてもらって市民として共生していこうという、そういう理念のもとに制度ができています。

さらに、「ハッピー・リターン・プログラム」という制度もあり、外国人労働者が帰国後にも役立つ職業訓練などを提供しているそうです。つまり、国際的な外国人労働者をめぐる人材争奪戦も見据え、「韓国は外国人の人権をしっかり守る、働きやすい国」というイメージ戦略すら持っているわけです（春木 2020）。

もちろんトップダウンで比較的短期間に、社会的共感を十分に得ないまま作られた制度であり、現場には相当混乱はあるようですし、人権侵害などの問題もまだ起きています（加藤 2021）。ただ、理念のもとに、一定のグランドデザインはあり、それに沿って 20 年近くの歳月のなか、政府が本気で、大きな予算を付けて制度を作ってきました。

一方で日本は、やはり労働者が少ないので外国人に来てもらわなければならないし、実際にはすでに多くの外国籍住民がいるにもかかわらず、基本的に外国人はみんな「いずれは帰る人」という考えがベースにあったようです。外国人は移民ではなく「外国人労働者」だから、3 年とか 5 年とかで帰る人。つまり、定住しない人たちだから、日本語はそんなに勉強しなくてもいい。もし勉強したい外国人がいるなら、リタイヤして元気な高齢者や比較的時間に余裕のある主婦の皆さん、ボランティアとして教えてあげてください、よろしくお願いしますねという思想がベースにあるように思います。ここを長い間、日本では制度的にぐずぐずにしてきました。

ですので、草の根の市民から、「ボトム」から、身近な行政機関など「トップ」の方に「困っていますよ、苦しんでいる人がたくさんいますよ」と言い続けて、やっと 2019 年に、日本語教育推進法というとりあえずの理念法ができたというわけです。そこが日本と韓国と違うところです。

2024 年のお正月、能登半島を大きな地震が襲い、甚大な被害が出ています。能登半島北部の高齢化率は 49%、高齢化と人口減少がもともと深刻な地域に大規模災害が起こりました。1 か月が過ぎても、医療や介護をはじめ多くの社会サービスの現場で担い手不足のための問題がありますが、それはこの地域だけの問題ではありません。

国立社会保障・人口問題研究所によれば、2020 年の日本の総人口は 1 億 2615 万人ですが、2070 年には 8700 万人にまで減少すると推計されています（国立社会保障・人口問題研究所 2023）。50 年後には今の 7 割に人口が

減ってしまいます。しかも、約4人に1人が75歳以上の高齢者となる見込みです（内閣府2023）。

　社会を維持するサービスは、誰がどのように担うのでしょうか。外国からの人たちの力は、その重要な選択肢の1つです。この人たちに仕事で困らないための日本語を身につけてもらうためには、週に1〜2回、2時間程度のものではなく、集中的な研修が必要です。たとえば、1990年代から政府が比較的自由に受け入れてきた南米からの日系の人たちについて、徹底した日本語研修さえあれば、景気動向に左右されず日本社会で力を大きく発揮してもらえたはずだ、との調査に基づく見解があります（樋口2019）。

　地域のボランティア教室は交流の場、多文化共生の拠点としてとても大事な場ではありますが、日本語習得という面からは、それだけでは決して十分ではありません。韓国のように、外国から来てくれる人たちへの言語教育に税金を使うことは、わたしたちにとって必要な投資です。

　外国人労働者の日本語習得は本人の意欲や努力次第、というこれまでの政策の流れは、変更せざるをえない段階です。

【参考文献】

加藤真（2021）「現地調査からみる韓国・雇用許可制の実態—「フロントドア」からの受入れでもみられるブローカー、入国前借金、厳しい労働環境」三菱UFJリサーチ＆コンサルティング政策研究レポート　https://www.murc.jp/wp-content/uploads/2021/05/seiken_210514.pdf（2024年4月24日最終確認）

技能実習制度及び特定技能制度の在り方に関する有識者会議（2023）「最終報告書」

国立社会保障・人口問題研究所（2023）「日本の将来推計人口　令和5年推計」『人口問題研究資料』第347号

佐野孝治（2021）「韓国江原道における外国人住民の現況と支援システム」『福島大学地域創造』第32巻第2号　pp.115-137

春木育美（2020）「韓国の非熟練外国人労働者の受け入れにみる日本の政策へのインプリケーション」SYNODOS　https://synodos.jp/opinion/international/23800/（2024年4月24日最終確認）

春木育美（2022）「韓国の非熟練外国人労働者の韓国語教育とその課題」九州大学韓国経済研究会『韓国経済研究』19号　pp.1-16

樋口直人（2019）「労働—人材への投資なき政策の愚」髙谷幸編著『移民政策とは何か—日本の現実から考える』人文書院　第1章

内閣府（2023）『令和5年版高齢社会白書』

松岡（2016）より

2011年3月の東日本大震災のとき、被災した外国人も避難所で過ごしました。左の4コマ漫画を見てください。避難所の中の場面です。

外国人のなかには地震を経験したこともない人もいるので、心配そうにいろいろ話しています。「空気を読む」というのは、むずかしいことです。そして、周りの日本人被災者の人たちは、それを見てイライラを募らせています。ある男性が、怖い顔をして外国人たちに向かって「だまれ外人が!! だまれねぇんだったら出てけ!!」とどなって外国人がびっくりしているという状況ですね。

この漫画を学生たちに見せて意見を聞くと、多くが、あのおじさんの言い方じゃぜんぜん伝わらないし、あんなふうにどなって恫喝するのは大人がすることじゃない、外国人がどんなに不安に思っているかを考えなきゃいけないと言います。

確かにそうなのですが、一方で、災害時の避難所での生活は、実際には本当にストレスが大きいものです。避難生活が長くなると、たとえばコンタクトレンズの洗浄液がないという、そういう小さくて平時ならなんでもないようなことが積もり積もって、いろんなことが不自由で心配で、そして本当にイライラが募っていく。いたたまれないような大変さがあるわけです。そういう中で、ぜんぜん

空気を読まない人たちが大声で話しているというのは、もう許せないという気持ちになることは、容易に想像できます。

　そんな場面について考えるのは、両方の真ん中にいる人、「あいだ」をつなぐ人がいてくれたら、トラブルが一定程度回避できるのではないかということです。震災時、実際に避難所で起こったことですが、外国人がいる避難所で、食事（宗教上の理由で食べられないなど）についての問題や、無料の衛星電話の使い方をめぐるトラブルなどがありました（鈴木2012）。

　しかし、もしそこに「あいだ」をつなぐ人がいてくれたら、みんなが少し気持ちが穏やかにいられるのではないでしょうか。たとえば、英語は話さない、中国語もアラビア語もできないけれども、なんだかあっちでは騒いでるしこっちでイライラしてるような場面で、お菓子とか差し出しながら「あのね、あんたたちこれを食べな」、「これ、うまいよ〜。でも心配だよね、本当に心配だ。だけど、あんまり大きい声じゃなくて、小さい声で話しなね」というように静かにあたたかく積極的に話しかけてくれる人がいたら、ということを想像します。そして、実際にそういう人が被災地にはいて、その避難所ではトラブルが起きにくかったはずです。この「あいだの人」がよりたくさんいることが、これからの社会では求められていると思います。

　わたしたち日本語教師は、その候補者です。けれどももちろん日本語教師だけではなく、さまざまに存在するグループの中間に立って両方をつなぐ「あいだの人」には、どんな人でもなることができます。ただ、それは結構きつくて、こちらのグループにもあちらのグループにも属しているということは、そのどちらにも属さないとも言えるのです。だから立場としては、きびしい場面もあるのだろうと思います。しかし、そのはざまにいるからこそ、できることがあります。

　多くの人たちが「あいだの人」になって、「あいだの人」が増えていったら、この社会はわたしたちみんなにとって、少し幸せ度が上がるのではないかと思うのです。

【参考文献】

鈴木江理子編（2012）『東日本大震災と外国人移住者たち』明石書店
松岡洋子（2016）「多文化コミュニティキーパーソンに対する人材育成研修：日本での実践」国際公開研究集会「移民受け入れ社会のコミュニティ創生―ひと・しくみ・ことば」東京工業大学での配布冊子［科学研究補助金基盤研究（24401125）研究課題「移住者と受入れ住民のコミュニティ形成に資する複言語コミュニケーションと人材育成」（研究代表者：松岡洋子）］

第3章
誰が「日本人」か、誰が「外国人」か

わたしたちはつい「日本人は〜だ」「外国人だから〜だ」と言ってしまいがちですが、では、「日本人」とはいったい誰のことでしょう。「外国人」とは誰のことを指すのでしょうか。そこから、「〇〇人」と一言でくくってしまうことの不都合について考えます。そして、わたしたち皆が陥りがちな「第三者返答」と呼ばれる言動や、身近なことば遣いを例として、他者と、そして自身をも、ひとまとめにステレオタイプ化してしまうことの危険について、考えていきましょう。

【キーワード】「日本人」の類型、第三者返答、「ガイジン」、本質主義

1 多様な「日本人」

前章では、日本語教育の観点から日本社会の問題点について考えましたが、日本人とか外国人ということばを、わたしはかなり無雑作に使っていました。本章では、その「日本人」とはいったい誰のことなのか、「外国人」とは誰のことなのか、考えてみましょう。

スポーツ界で活躍している人たちのなかには、テニスの大坂なおみさんやバスケットボールのジョシュ・ホーキンソンさん、陸上のサニブラウンさん、WBC で活躍したヌートバー選手やダルビッシュ投手など、数え上げればきりがないくらいハイブリッドな「日本代表」選手がいます。経済界や政界でも、ソフトバンクの孫正義会長、沖縄県の玉城デニー知事、政治家の蓮舫さんなどもいます。2015 年のミスユニバース日本代表になったのは宮本エリアナさんでした。

では、有田（2018）でも示した、この人たちはどうでしょうか。

ゆみさん。「わたしの両親は新潟出身の同級生同士です。結婚してから2人ともアメリカに留学し、留学中にわたしが生まれました。わたしたち家族はそれからずっとアメリカで暮らしています。子どものころは家では日本語、新潟方言と英語を使いました。でも今はほとんど日本語を使いません。だから漢字を書いたりするのはとてもむずかしいですね。ずっとアメリカの学校に通いましたから、自分はアメリカ人かなあと思います。父と母の国籍は日本ですが、わたしは日米両方の国籍を持っています。もうすぐ国籍を選ばなければならないのでちょっと迷っています」

読者の皆さんのなかにも、国籍を2つ持っている人がいると思います。日本の場合には20歳までにどちらかに決めなければなりません（2022年4月から制度が変わり、22歳だった国籍選択期限が2年引き下げられました）。これも、なぜ決めなければいけないのか、そんな必要はないのではないか、という議論があります。たとえばアメリカは、二重国籍を持っている人が普通にたくさんいるので、どうしてなのと言っている人は日本国内には多いですね。このゆみさんは、どうでしょうか。

次は、モンタルバーノさん。「わたしの両親はイタリア出身ですが、20年以上埼玉県で暮らしています。わたしは大宮で生まれてずっと大宮で暮らしています。イタリアには数回行ったことがありますし国籍もイタリアですが、イタリア語は聞くことができるだけでわたしの母語は日本語です。日本の習慣が身についていますし、イタリアを自分の国とはあまり思ったことがありません。これからも日本で生活し、日本で仕事をし、日本にずっと住むつもりです」

モンタルバーノさん、この人はどうでしょう。皆さんどう思いますか。

そして、王貞治さん。わたしの世代では知らない人がいない有名人ですが、「世界のホームラン王」です。野球選手で、巨人やソフトバンクの監督でした。そして、日本代表、WBCの日本チームの監督でもあったのです。その王さんです。「わたしは日本政府から国民栄誉賞をもら

いました。東京生まれの東京育ちですが、国籍は中華民国、台湾です。しかし、台湾にルーツはなく、母は日本人で父は浙江省出身の中国人でした。わたしはWBCで日本チームが世界一になった時の監督でもあります。その時に『あなたは何人ですか』と聞かれたので、『わたしは国籍は中国ですけれども、心は日本人です』というふうに答えました」。王さんの場合はどうでしょう。

2 「日本人」の類型

	類型1	類型2	類型3	類型4	類型5	類型6	類型7	類型8
「血統」	A	A	A	B	A	B	B	B
「文化」	A	A	B	A	B	A	B	B
国籍	A	B	A	A	B	B	A	B

福岡（1993）より作成

3人の例を見てもらいましたが、一言で「日本人」と言っても非常に多様だということがわかります。この表を見てみましょう。とても単純に類型化したもので、ここに入らない人たちもたくさんいます。ミックスルーツの人も多いし、国籍を複数持つ人、ナショナル・アイデンティティもいくつも持っている人もいるので、すべての人がどれかにぴったり当てはまるわけではありません。けれども、シンプルにわかりやすくするために、類型化したものです。血統と文化と国籍で、それぞれ分かれています。文化や血統については内実も定義もよくわからないので、カッコつきです。この3つで考えてみましょう。日本だったら「A」。日本ではない場合「B」です。

たとえば類型 1。これは、最近あまり使われませんが、いわゆる「純日本人」「純ジャパ」。父と母も日本語ネイティブで、国籍は日本で、日本のパスポートだけ持っている。ただこの人たちを「純粋な日本人」と言うべきなのかというのは、よくわからないところです。たとえば、日本の「象徴」の天皇陛下。今の天皇の父上、上皇陛下は、桓武天皇の生母が百済の武寧王の子孫であると続日本紀に記されていることに、韓国とのゆかりを感じるという発言をしていて、宮内庁のホームページに出ています（宮内庁 2001）。一見疑う余地がなさそうな第 1 類型にしても、それほど明確ではないということが言えると思います。

　それから類型 2 は、たとえばマラソン選手としてオリンピックに出場するためカンボジアの国籍を取った、猫ひろしさんという芸人の人がいました。彼はここに入るでしょうか。両親も日本人で、日本語が母語だけど、国籍が日本ではないという人ですね。国際結婚をし、相手と同じ国籍を取得した元日本国籍の人なども入るでしょう。

　3 番目が、海外帰国子女などです。お父さんお母さんが海外にいたときに海外で生まれて、国籍は日本だけど、外国語の方が上手だし漢字は苦手だとか、日本的に空気読むことはしない、というような、たとえばそういう人たちがここに入るでしょうか。先ほどのゆみさんが今後日本国籍を選んだとしたら、この類型 3 に入りそうです。

　4 番目は、ご両親は海外出身で、本人は日本生まれで日本育ち、日本語もネイティブで国籍が日本という人です。在日コリアンで帰化した人など、この類型に入るでしょう。バレーボールの元日本代表選手のオリンピアン李博さんは、ご両親は中国出身で、本人は日本生まれで日本語のネイティブだし国籍も日本。この類型 4 に入りそうです。

　それから類型 5 は、海外の日系の人たちなどはこの類型に入りそうです。血統は日本だけれど文化も国籍も違う。たとえば、2017 年にノーベル文学賞を受賞した作家のカズオイシグロさん。彼はごく小さいころにお父さんお母さんと一緒にイギリスにわたり、英語で教育を受け、英語で作品を書いています。国籍はイギリス。彼は第 5 類型に入るでしょうけれど、ノーベル賞を受賞したとき、日本では「日本人」が受賞

したかのように喜び報じるメディアもありました。

　類型 6 は、たとえば、前述したイタリアルーツのモンタルバーノさんがここに入るでしょう。お父さんお母さんはイタリア人だけど、自分は日本語が母語で、でも国籍はイタリアだというような人です。

　類型 7 が、外国出身で日本語非母語話者の人が日本国籍を取った場合です。バスケットボールの日本代表選手ジョシュ・ホーキンソンさんは、2023 年に日本国籍を取得しました。また、日本にいるアイヌの人たちなど「日本」とは別の「文化」を持つ人たちも入りそうです。アイヌ語は日本語とは別の言語で、アイヌの生活文化を持っているけれど、国籍は日本だという人です。アイヌの人々は、1888（明治 32）年にできた「北海道旧土人保護法」のもとで、日本式の名前を強要され、学校ではアイヌ語を禁止され、生活文化も「日本式」を教えられました。この法律は改定を繰り返しつつも、なんと 1997 年まで存続しました。アイヌの人々は、今もまだ差別があると感じる人が多いです（内閣府2016）。また、琉球諸語も日本語とは別言語と言えますが、文化的には「A」か「B」か、考え方は人によって違うのではないでしょうか。そして、沖縄は 1952 年からアメリカの統治下にあり、日本に返還される1972 年まで、よく知られるように、本土との行き来のためにはアメリカ政府が発行するパスポート（渡航証明）が必要でした。さらにさかのぼれば、沖縄には 15 世紀に成立した琉球王国がありましたが、1879年の琉球処分（琉球の併合。明治政府による武力制圧）から太平洋戦争が終わる 1945 年まで、日本の沖縄県だったのです。こうして考えると、やはりこの類型化はシンプルすぎると言えるでしょう。自分のアイデンティティはどこにも当てはまらない、どちらにも当てはまる、どの類型かわからない、そして、どの類型かなど考えたくない、あるいは考える必要がないという人が少なくないのだろうと思います。

　そして 8 番目の類型が、外国人観光客も含めて全部日本ではないという人たちです。

　あまりにシンプルで類型化には限界があるとしても、こうして考えてみたとき、どこからどこまでが日本人で、どこからが外国人なのかとい

うのは、人によって見方が違うし、定義も非常に曖昧だということがわかります。

3 「第三者返答」ということ

これに関連して、外見による偏見についても考えてみます。「But we're speaking Japanese! 日本語喋ってるんだけど」という動画があります。日本国内のあるレストランで「見た目は外国人（!）」の人たちが日本語で注文するのですが、店員さんはその日本語を理解しようとしません。最初から「すいません、ちょっと英語わからないんで」と言って、客が英語を話していると思い込んでいるようです。それで、店員は、日本語がわからないけれど「日本人」に見えるアジア系アメリカ人女性にだけ話しかけます。客たちはしかたなく、そのアメリカ人女性に日本語を口真似させて、やっと注文する、という内容です。

在日外国人の人たちにはとても有名な動画です。わたしたち日本人にとっては、ええ?? と思う部分もあるのだけど、同様の経験をしている人たちは結構多いのです。この現象を、第三者返答と呼びます（オストハイダ 2005）。質問している本人ではなくて、その人の同行者に向けて返事を返す現象です。これは外国人だけではなく、子どもや、車椅子を使っている人など障害を持つ人、そしてお年寄りなど、多くの人が経験して不快を感じたり、自尊感情を傷つけられたりする現象です。

4 「外国人」「ガイジン」ということば

ここまでのまとめですが、日本人なのか外国人なのか、その定義が非常に曖昧で誰もわからないということです。「あの人、外国人だけど日本人だよね」のような、よくわからない話を、わたしたちは普通にしています。

それで、ここで気をつけたいことがあります。1つは「外国人」、そして「ガイジン」ということばとその使い方です。ガイジンというのは、わたしはできれば使ってほしくないと思います。「害虫」「公害」などを連想する人もいるし、また使われてきた経緯も問題があるし、何より言

われて嫌な人がたくさんいるので、これは使わない方がいい。そして、実は「外国人」ということばさえ、言われて嫌だと思う人たちがいるのです。アメリカ人の友人に言われたことですが、日本人の留学生がアメリカに行って、"I am a foreigner"、わたしは外国人です、とみんなに言うと、周りの人たちが「引いて」しまう、なんでそんなこと言うの？と固まってしまうような場面があるそうです。つまり、foreigner ということばはちょっと避けるべきことばだと、英語圏では思われている。留学生ということばも、foreign student は使わず、students from overseas とか international students ということばを使っています。たとえばベトナムでも「外国人（người nước ngoài）」ということばはよく使われます。ベトナム人の学生は「国にいる時にはまったく無意識に『外国人』と言っていたが、日本に来て自分が『外国人』と言われると、ちょっと嫌な気持ちになる時があります。だからベトナムに帰ったら注意します」と言っていました。ですので、日本に来て「あなた、外国人ですね」と言われた時に、「えっ？」と驚いたり、嫌だと思ったりする人たちがいることは意識しておいていいでしょう。ただ日本語の場合、「外国人」に代わることばが、今のところ見つからない。だから、使わざるをえない場合が多いですが、「外国人」であれ "foreigner" であれ "người nước ngoài" であれ、「外から来た者」という意味を持つことばを用いることは相手との「違い」を焦点化することになり、両者の間に壁を作り、言われた側が疎外感を味わう可能性があることは、心に留め置きたいです。

　それから、社会が多文化化していく、多文化社会になっていくということは、地域住民の国籍が多様化するだけではなく、日本国民という概念自体が、どんどん変容しているということです。本章の冒頭で紹介した、宮本エリアナさん。ミスコンの是非についてはここでは触れませんが、彼女がミスユニバース日本代表になった時に、ブーイングがありました。「日本人じゃないでしょ、この人は」というようなことで、主にネット上で批判や非難がありました。ただ、お母さんが日本人、お父さんがアメリカ人であるミックスルーツの宮本さんが「日本人じゃない」

というのは古い世代の感覚で、若い人たちのなかでは「どこが悪いの？」「だから何？」「めっちゃフツー」と言う人たちも多いです。それは社会が大きく変わってきて、頼もしいことだと思います。上の世代の一部の人々が頑固に持っているような、日本人とは目も髪の毛も黒くて黄色人種で、それで日本語を話し、挨拶するときにはハグではなくお辞儀をして、というような、それが日本人だという概念が、もうすでに古くなりつつあります。「日本国民」の内実がどんどん変容しているということは、気をつけなければならない点です。

　誰が日本人で誰が外国人か、はっきりわからないわけです。自分は〇〇人だと、これは本人だけが決められる、あるいはもはや決めなくてもいい場合もあるのではないでしょうか。「わたしは〇〇国のパスポートは持っているけれど、〇〇人ではなく、インターナショナルパーソンです」と言う人もいるかもしれない。誰が日本人で誰が外国人か、はっきりわからないとしか、決められないとしか言いようがないわけです。ですので、今後は「あなたは何人ですか」という、この質問自体がナンセンスになってくる可能性があります。大坂なおみさんやヌートバーさんに「あなた何人ですか」と聞くことは、none of your business、「余計なお世話です」ってことになるかもしれません。人によってはこの質問自体が失礼だという可能性もあって、ここは注意が必要です。

5　本質主義って？

　それから最後にもう1つ、日本人はこうだ、アメリカ人はああだ、中国人はこうだ、あるいは、あの人はインド人だから数学が得意だろう、あの人は日本人だから空手ができるとか、こういう考え方は、ある意味わかりやすいしおもしろくもあるかもしれませんが、非常に危険な面もあるということです。こういう思考方式を、本質主義、あるいは文化本質主義と呼びます。つまり DNA に日本人としての、韓国人としての、ロシア人としての「本質」があるから、日本人は／韓国人は／ロシア人は絶対にこうだという、そういう考え方です。

　わたしの経験をお伝えします。ベトナムに長期に滞在し仕事をしてい

た時のことです。ベトナム人の友人と3人でレストランに入りました。小さいローカルのレストランでしたが、入った時、店長さんに「あんた外国人だね」と言われて、「はい、そうそう」と答えました。「で、何人だ？」と聞かれたから「日本人」と言いました。そしたら「この店は日本人は入れないから出ていけ」と、額に青筋立てて「出ていけ」といきなり言われたのです。わたしはベトナムで初めてそんな経験をしたので、びっくり仰天。「でも、なんで」と聞いてももう対話が成り立たない。ただ「出ていけ」という状況でした。しかたがないから出ていきましたが、わたしとしては限りなく不愉快でした。後からその2人のベトナム人の友人がいろいろ聞いてくれたところ、そのお店のオーナーは、以前に悪い日本人にだまされてお金がほとんど全部なくなってしまい、それが原因で仕事も家族も失って、ということがあって、それ以来自分の店には絶対に日本人は入れないと決めたということでした。その気持ち、わからなくはないけれども、しかし、わたしとはぜんぜん関係ない話です。そのオーナーは「日本人はみんな同じだ」と考えた。そういうことが自分の身に起こって、本当に不愉快だったし、それがどんなに理不尽なことか、どんなにおかしいことか、身に染みてわかりました。こうして自分が被害者だった時の経験は忘れないのだけれど、でも、いつのまにか他の人に対して同じようなことをやっているのかもしれないと、ハッとすることがあります。○○人はこうだ、あの人は○○人だからああだ、あるいは、男性はああだ、大阪人はこうだ、というように。だから、そこは注意しなければならないところです。

【参考文献】
有田佳代子（2018）「○○人ってだれのこと？」有田佳代子・志賀玲子・渋谷実希編著（2018）『多文化社会で多様性を考えるワークブック』研究社　第5章
オストハイダ，テーヤ（2005）「聞いたのはこちらなのに…：外国人と身体障害者に対する「第三者返答」をめぐって」『社会言語科学』7巻2号　pp.39-49
宮内庁（2001）「天皇陛下お誕生日に際し（平成13年）」
　　https://www.kunaicho.go.jp/okotoba/01/kaiken/kaiken-h13e.html（2024年1月15日最終確認）

内閣府（2016）「国民のアイヌに対する意識調査　報告書」内閣官房アイヌ総合対策室

福岡安則（1993）『在日韓国・朝鮮人―若い世代のアイデンティティ』中央公論社

Directed by David Neptune and Ken Tanaka with David Ury「But we're speaking Japanese!　日本語喋ってるんだけど」
https://www.youtube.com/watch?v=oLt5qSm9U80（2024 年 1 月 15 日最終確認）

読書案内

『家（チベ）の歴史を書く』朴沙羅（2020）ちくま文庫

　在日コリアン二世の父と日本人の母を持つ著者は、ヘルシンキ大学で教える若き社会学者。一世の家族たち、叔父や叔母は、どのように韓国済州島から日本にやってきたのか、どのように大阪で生きてきたのか。愛情とユーモアと驚きに満ちた家族の歴史を語ったのち、著者は「知られていないことすら知られていない人々の体験を知ることは、しばしば社会をよくするための手段」となると言います。自分の中にある「マジョリティ性」を考えるためにも、貴重な一冊です。

『従順さのどこがいけないのか』将基面貴巳（2021）ちくまプリマー新書

　歴史家である著者は、本書では「政治」について語っています。そして、「従順であることを要求する心理的圧力が充満している」日本社会にいて、政治に無関心でいることは、すなわち既存の種々の「権力」に服従していることだとして、タイトルの通り、従順であってはいけないと主張しています。日常生活の中の「不正」を「しかたがない」とあきらめること、「みんながやっているから」と追随してしまうことの危険に、あらためて気づきます。

この章を読んだあとで――課題

①　これまで経験した、あるいは目撃した「第三者返答」について、思い出してみてください。自分が受けたことも、自分が他者に対して行ったことも、あるいはそういう状況を目撃したこともあるかもしれません。

そのときの状況と自分の気持ちをできるだけ詳しく描写して、仲間に話してみてください。

② 自分の周囲の外国人、あるいは外国ルーツの人に、「ガイジン」と呼ばれた経験やそのときの気分を聞いてみてください。また、どのような場面で「ガイジン」ということばが自分の周辺やメディアなどで使われているか、考えてみてください。

③ マイクロ・アグレッションとは「小さい攻撃」とも訳せますが、無意識のうちの差別的な言動で誰かの心を傷つけてしまうことです。その多くが、本文で述べた本質主義やステレオタイプがもととなっています。マイクロ・アグレッションの具体例を、書籍やWebで調べてみましょう。

誰のための日本語教育？

　日本語教育は、かつて「外国人のための」という前置きがついていました（現在の日本語教育学会は、1962 年に「外国人のための日本語教育学会」という名称で設立されました）。日本語教育推進法でも、第 2 条に「『日本語教育』とは、外国人等が日本語を習得するために行われる教育その他の活動」と定義されています。基本的には、日本語非母語話者≒外国人が外国語や第二言語として、日本語を習得する、そのための教育という位置づけです。でも、日本語教育は「外国人のため」だけでいいのかということが、これまで多く議論されてきました。日本語教育はむしろ、母語話者≒マジョリティとしての日本人のためにも必要なのではないか、という議論です。

　なぜ「日本人のためにも」なのかというと、コミュニケーションの成否は、送り手と受け手の両方の努力の結果だからです。非母語話者が一生懸命に勉強して、日本語能力を高めていくと、母語話者、日本人とのコミュニケーションは問題ないかと考えると、それだけでは十分ではありません。

　たとえば、日本にいるブラジル人が、日本語はまだあまり上手ではないけれども、どこかの交流イベントで日本人と会いました。初めて会って、そこでブラジル人は日本人に笑顔で挨拶した後、「電話のファミリー、大きい」と言いました。それを聞いた日本人は、どういうことかわからないから、ちょっと笑って離れていく。ありがちかもしれません。ここではコミュニケーションが失敗しているわけですね。この「失敗」という結果について、誰に責任があるのか考えてみましょう。

　このケースでは、外国人の日本語「電話のファミリー、大きい」という発言が、日本人にわからないわけです。だから、外国人の日本語の勉強不足に責任がある、とも言えるでしょう（本当は、その環境を作っていない社会の責任でしょう）。けれども一方で、受け手である日本人も、結局そこであきらめているわけですね。あるいは、発言した人に対する無関心とかコミュニケーションへの意欲のなさが指摘できるかもしれません。「この人、わたしに何を伝えたいんだろう」と思って、もう少し日本人の方もがんばって「え？ 電話？ 家族？」と聞き返したり、日本語や片言のポルトガル語や英語やジェスチャーなどをごちゃまぜに使いながら想像力を働かせたら、「遠く離れているけれど、ふるさとの家族と電話でたくさん話しているから、それはとてもうれしいんだ」というようなことを伝えたいとわかるかもしれないのです。

　だから、コミュニケーションが失敗した原因は、両方の、送り手／話し手、受け手／聞き手の責任です。両方に責任があるのです。日本人の方も外国人

とのコミュニケーションを成功させたいと思い、そういう意欲を持って努力しない限り、外国人の日本語能力がいくら勉強して伸びていっても、意味のあるコミュニケーションは成立しません。それは、「聞き手の国際化」（土岐2010）、「わかりにくい日本語を理解する力」（野田 2014）などと表現されますが、日本社会のマジョリティとしての日本人は、非母語話者と日本語を使ってコミュニケーションする方法を、学ぶ必要があります。

　一方で、外国人に対してだけではなく、日本人同士のコミュニケーションは万全でしょうか。バックグラウンドの違う人、異なる考え方や価値観を持つ人とのコミュニケーションがうまくいっているのかと考えると、これもむずかしい場面があるかもしれません。つまり、日本人同士のコミュニケーションの方法を学ぶ必要もあります。日本人は「国語」として自分の母語を小学校から勉強してきました。わたしの世代だと国語の時間に読む力・書く力はかなりトレーニングするけれども、聞いたり話したりという言語活動を学ぶ場は、あまりありませんでした。最近の小学校・中学校の教科書では増えてきています。話し合いをしてみよう、インタビューしよう、おばあさんおじいさんに話を聞いてみましょう、というような単元が出ています。しかし、滝波（2013）では「（話すこと・聞くことは）取り立てて指導する学習ではなく、普段の学習活動の中で十分育成できるという固定観念」があり、学習指導要領の中でも「話すこと・聞くこと」の活動例は不十分だと指摘されています。「読む・書く」に比べると、「聞く・話す」コミュニケーション活動を学ぶ場が少ないと言えそうです。

　柳田（2020）は、「非母語話者と母語話者の接触場面であっても、母語話者同士の母語場面であっても、参加者はお互いを尊重したうえで相互理解を目指したいと考えており、そのことがコミュニケーションを成立させるための大前提である」と述べています。日本語教育は「外国人のため」だけではなく、日本語を使うすべての人のコミュニケーションのためのものです。

【参考文献】

滝浪常雄（2013）「国語科における「話すこと・聞くこと」の指導の課題」『安田女子大学紀要』41 号 pp.207-216
土岐哲（2010）『日本語教育からの音声研究』ひつじ書房
野田尚史（2014）「「やさしい日本語」から「ユニバーサルな日本語コミュニケーション」へ─母語話者が日本語を使う時の問題として」『日本語教育』158 号 pp.4-18
柳田直美（2020）「非母語話者は母語話者の〈説明〉をどのように評価するか─評価に影響を与える観点と言語行動の分析」『日本語教育』177 号 pp.17-30

国語教育と日本語教育

　国語教育と日本語教育はどう違うのでしょうか。そもそも、「日本語」と「国語」は、どう違うのでしょう。縫部（2001）は「『国語』とは母語を内側から、『日本語』とは他言語との対比のうえで外側から見た表現」と説明しています。ですので、国語教育は日本語母語話者への母語／第一言語教育、日本語教育は日本語非母語話者への外国語／第二言語教育、と区別されてきました。

　さらに縫部は、「国語」は国家を象徴する語であり、「日本語」は他との対比のなかで外側から客観的・意識的に見るときの語であるとも言っています。そして、日本人にとって「日本語」とは何かと考えることは、無意識に習得した言語である「国語」を外側から客観的に意識的に捉えなおすことだから、日本人にとっても、非常に意味のあることだと主張しています（縫部 2001, p.40）。

　当然のことですが、日本語教育は今まで国語教育からとても多くのことを学び、援用してきました。一方で、国語教育も、今後は日本語教育から学んでいく必要があると思います。日本語教育は、どちらかというと実用外国語教育として発達してきたので、読む・書くよりもむしろ聞いたり話したりというコミュニケーションをまずは習得してもらおうとします。ですので、今後、日本の学校の子どもたちへの国語教育には、他の人の話をよく聞こう、そしてそのうえで自分の意見をしっかり話そう、対立してもブチ切れたりせず、対話の中で双方とも納得できるようなよりよい意見を見つけ出そう、というような教育が必要になってきたと思います。もちろん今でもすでに行われている場はありますが、今後はさらに、国語教育と日本語教育の連携が必要となってくるでしょう。

　もう1つ、ついでといえばついでなのですが、国語という教科名についてです。「国語科」という名称でいいのかということも議論があるところです。アカデミズムでは、1944年、戦争に負ける前年ですが、国語学会が作られました。歴史のある学会ですが、この学会が2004年に日本語学会と名称を変えました。つまり国語学会と言ってしまうと、誰にとっての国語なのかが問題になります。たとえば中国の人たちにとっての国語は中国語だし、ベトナム人にとっての国語はベトナム語です。中国人の研究者が日本語を研究する場合に国語学会はおかしい、それで日本語学会に変更したのですね。同様に、たとえばベトナム人の子どもが日本で勉強するときに、日本語を学ぶための科目の名前が「国語」だというのは、不自然かもしれません。

確かに、小中学校や高校の科目名を変えるのは簡単ではないでしょう。今後はどうなっているかわかりませんが、ただ、日本語と言った方が、むしろ日本人にとっても、世界にたくさんある言語のなかの１つとしての日本語として、自分の母語を客観的に見ることができるのではないでしょうか。たとえばアメリカやイギリスでは national language という科目はなく、英語クラスはおおむね English と呼ばれるでしょう。英英辞典は、XX English Dictionay という書名です。

　日本では今後どうなるかわかりませんが、初等中等教育で使っている国語という科目の名称について、あなたはどう考えますか。

【参考文献】

縫部義憲（2001）『日本語教育入門 改訂版』瀝々社

第 4 章
「やさしい日本語」

最近はマスメディアなどでも、「やさしい日本語」ということばを耳にすることが多くなりました。2021 年の東京オリンピック・パラリンピックでも「大会を契機に今後の多文化共生社会のレガシーに」（東京都オリンピック・パラリンピック準備委員会）と言われた「やさしい日本語」。その理念、その使用方法、そして、誰のための「やさしい日本語」なのか、について考えていきましょう。本章では特に、「話すとき」「聞くとき」「書くとき」のわかりやすさ、そして使用上の注意点を解説します。

【キーワード】やさしい日本語、多言語情報、「情報弱者」、話すときのやさしさ、聞くときのやさしさ、書くときのやさしさ、日本語から日本語への翻訳

1　多言語情報は大事。しかし…

　次ページの 4 コマ漫画を見てみましょう。留学生たちが海に遊びに行った時に地震が起こり、屋外のスピーカーから「大津波警報が発令されました。至急、高台に避難して下さい」というアナウンスがあり、留学生たちには何が起こったのか、起こりつつあるのかわからないという場面です[3]。こうした状況を見ると、多くの皆さんが多言語情報が必要

[3) この漫画で留学生が話す日本語が一部カタカナになっています。コラム 3 で紹介した土岐（2010）は「聞き手の国際化」と同時に「公平な耳・意識の養成」の大切さも主張しました。外国人が話す日本語のカタカナ表記は、話す人を他者化する社会的装置になりえます。後述するコラム 11「言語景観」とも関連し、「公平な耳」についてさらに議論が必要です。

松岡（2016）より

だ、日本語だけではわからないから、英語、中国語、コリア語、ポルトガル語など他の言語でアナウンスしなければいけないと考えるかと思います。確かにその通りです。多言語情報はとても大切で、多くの自治体も、現在はいくつもの言語で情報を発信しています。いろいろな自治体のホームページを見ていただくとわかりますが、東京オリンピック・パラリンピックも契機となり、日本全体の行政からの情報が多言語化していくという状況がありました。これはとても重要な変化です。

けれども一方で、多言語情報だけでは限界があるということは確実に言えます。まず、何語を準備すればいいのかということです。世界にたくさんの言語があって、どの言語を準備すればいいのかという問題です。また、その優先順位です。たとえば津波が来た時に、最初に〇〇語で次は〇〇語で次は次は次は…とやっているうちに、結局は最後の言語のところではもう津波に間に合わなかったということが、原理的にはありうるわけです。ですので、多言語情報はとても重要だけれども、一方で限界があるというこ

とは考える必要があります。

では、英語はどうか。これもとても大切です。少なくとも英語だけは、と考えることは確かにありそうです。ただ、英語だけでは重要な情報が届かない場合が多いのです。今、日本にいる在住の外国人のなかで英語を使う人は、3割から4割ぐらい。英語をまったく使わない外国人もたくさんいるので、英語だけというのでは、特に災害時はむずかしい。

そこで、だったら日本語そのものを簡単にしようと考えられてきたのが、「やさしい日本語」です。これは、1995年の阪神淡路大震災がきっかけとなり、当初は災害時に外国人の安全を守ることを目的に考えられました。阪神淡路大震災では、外国人の死者数の割合が、日本人死者数の割合と比べたとき有意に高かったのです（内閣府 2006）。その大きな理由として、ことばがむずかしくて情報が伝わらなかったということがあげられました。そこで、平易な日本語を使って、命を守るための重要な情報を発信するべきだと考えられたのです。実際、日本語能力が初級後半から中級前半程度の外国人に対して、ニュースを平易なことばに変えた聴解実験を行ったところ、内容に関する質問の理解度が30％から90％に上がったという結果（松田他 2000）もあり、情報伝達にはとても有効だと考えられています。

2　「やさしい日本語」とは？

「やさしい」は、「易しい」と「優しい」、両方の意味があります。その説明を、ここに3つあげてみましょう。

1つ目が、「普通の日本語よりも簡単で外国人にもわかりやすい日本語のことで、災害発生時に適切な行動がとれるように考え出されたもの」（佐藤 2009）。ただ、災害発生時にうまく機能させるためにも、緊急時だけではなく、平時の、普通のときの努力、取り組みが必要なのではないかというのは当然の流れです。

そして、これは必ずしも外国人（非母語話者）だけではなくて、わたしたち日本人（母語話者）にとっても必要なことだという考えが、2つ目の説明です。「相手の年齢や日本語能力、あるいは障害や理解の度合

いなどを考慮しながら、伝わりやすいように言い方、書き方を工夫した日本語」（三重県国際交流協会 2013）。

3つ目の説明は、「やさしい日本語は、外国人に日本語学習を押し付けるだけでは成立しない。日本人の意識が変わらない限り円滑なコミュニケーションは望めない」（岩田 2011）というものです。

つまり、防災のための「やさしい日本語」はとても重要、しかし、災害時だけではなく、また外国人だけでもなく、もっと広い範囲の人たち、わたしたちみんなにとって有効だし、かつ、みんなが使えるようにしていこうというものです。そして、「やさしい日本語」は、「情報弱者」を作らないための1つの方策だと言えます。

3　誰が「情報弱者」なのか

では、誰でもなりうる「情報弱者」というのは、どういう状況にある場合なのか。具体的に見ていきましょう。

まず、視覚障害です。全盲の人たちは点字を使います。弱視の人は目立ちませんが、たくさんいらっしゃるのですね。多くのお年寄りも含め、弱視の人たちのために公共図書館などでは文字や図を大きくした拡大図書や、音声で読み上げた音読図書を製作しています。近ごろは、電子図書やデジタル録音図書（DAISY）を利用する視覚障害者も多くなってきています。

それから、聴覚障害。ろうの人たちは、日本手話という言語を使います。そして難聴の場合は補聴器を介して日本語を聞くことも多く、また中途失聴の場合など、日本手話以外に、日本語に対応した手話、日本語対応手話とか手指日本語とも呼ばれるものを使うこともあります。なお、多くのろう者の母語である日本手話は、今わたしが使っているこの日本語とは、まったく別の言語です。手話については、第10章で詳しく述べます。

他にも、盲ろうの人たち、寝たきりの高齢者、また、読字障害、書字障害の場合。それから、日本語学習者ですね。日本語学習者については外国人だけではなくて、帰国者など日本国籍を持つ人、そして日本手話

を第一言語とするろう者も含まれます。日本手話は、前述しましたが、日本語とは別の、文字を使わない言語なので、日本にいるろう者の人たちは読み書きについては日本語を学ぶ必要があります。

　また、知的障害を持つ人たち。それから非識字者。日本は識字率が99％だなどと言われますが、日本の識字調査は 1948 年、戦争が終わった直後に 1 回、GHQ に促されてやったきり、それ以降の調査はしていません。戦後のドタバタの時期に行い、そこで出てきた 99％ という数字があって、日本は識字率が高いと言われていますけれども、角（2010）によれば、これは事実を反映した数字ではありません。まず、その1948 年の調査は、調査の案内文が漢字交じりのむずかしいものだったので、それを理解しない人は、調査対象に入っていない。それから、知的な障害がある人は、もともと調査の対象から外されていました。1948 年の段階で、60 歳以上の国民では 20％ ぐらいの非識字者がいたのではないかという数字も出ています（横山他 2023）。

　そして、この知的障害を持つ人たちのなかに、1979 年まで義務教育は事実上受けていない人もいたのです。わたしには、Y さんという、もう前に亡くなった、ダウン症候群という知的な障害を持ついとこがいました。小さいころは一緒に遊びましたが、彼は学校に行かないのです。それでわたしとしては「なぜ Y ちゃんだけ学校行かなくていいの」と言って怒っていたのです。あとからわかったことですが、幼稚園に行っていじめられて、叔父と叔母は、この子はずっと家にいさせた方がいいと判断して、彼は学校教育を受けませんでした。だから、非識字者だった可能性が高い。今はもちろん障害がある人たちも義務教育を受けているけれども、1979 年までは「就学義務の免除・猶予」の名のもと、教育機会がなくなってしまった子どもがいたのです。ですので、その人たちのなかには非識字者がいたし、今もいる可能性があるということです。

　それから、認知症や失語症などの人、また、経済的理由やいじめなどさまざまな理由で義務教育を受けていない／受けられなかった人や、色盲の人なども情報を得にくく、発信もしにくい場合があるでしょう。入院中の人、障害者施設に入所している人、刑務所などの矯正施設に入っ

ている人、そして子どもも、情報弱者と言えると思います。

こう考えると非常に多くの人たち、と言うか、結局わたしたち自身も始めは間違いなく情報弱者だったし、今後も多くは情報弱者になる。誰でも年をとりますね。ですので、日本語非母語話者のためだけではなく、わたしたちみんなのために、ことばのバリアフリー（あべ2015）化が必要です。

そして、ことばのバリアフリー化のための1つの手段が、「やさしい日本語」の普及です。

4 「やさしい日本語」使用の注意点

「やさしい日本語」を使うとき、いくつか注意することがあります。

まず1つが、子ども扱いではないということです。ことばはやさしくするけれども、相手は子どもではありません。医療機関などで、高齢者が子ども扱いされてすごく腹が立ったというようなことを聞いたことがあるかもしれませんが、外国人や障害を持つ人たちも同じです。わたしの恩師の韓国出身の先生は、市役所に行った時に、先生の名前を見た係の人に「ほらほらあなた、忘れないでね」「ダメじゃないの、そんなことしたら」のように子ども扱いされて、自尊心が傷つき、市役所にクレームのメールを出したそうです（イ2013）。そこは勘違いしてはいけないところです。

それから、2つ目が、前述したことですが、コミュニケーションが成り立つかどうかは、これは送り手と受け手の両方に責任があるということです。わたしは若い時にオーストラリアで英語を勉強していましたが、相手のオーストラリア人が一生懸命聞いてくれると、自分の英語がものすごく上手になっちゃった気分になり、ペラペラ英語を話せるのでした。あなたに関心がある、あなたとコミュニケーションしたいという気持ちを相手が一生懸命に態度で表してくれると、わたしは英語ですらすら表現できました。しかし、一方で、「何?!　あんたの変な英語!」、What!?? のように聞かれると、もうそこでことばが止まってしまう。外国語で話すというのは心理的な状況が大きく影響する場合があり、こ

とばが喉のところで止まってしまいます。ですので、送り手だけの責任ではなくて、聞く方の受け手の責任でもあるということは、しっかり認識しておきたい点です。

　それから、「変な日本語」、「聞き慣れない言語表現」というのが、確かに外国人のことば遣いにあるのですね。母語ではないから当然です。それに対して違和感はある、確かに変だなと思うけれども、嫌悪感は持たない感性は大切だと思います。たとえば、「あなた」という二人称。日本語の二人称はむずかしくて、わたしは学生に対して「あなたたち」と使いますけれども、若い学生からわたしに対して「あなた」は、普通は使わないと思います。わたしから、たとえば職場の年長者に「あなた」というのは、攻撃的なときには使うかもしれないけど（笑）、ちょっと使いにくいです。また、たとえば地域の日本語教室などで、年配のボランティアの方が若い外国人の女性に「あなたの好きな食べ物は？」と聞いたら、「わたしは果物が好きです。あなたは？」と聞き返されたとき、「あなたにあなた呼ばわりされたくない」と少し不愉快に思ってしまう。こんなふうに日本語の「あなた」の使い方はむずかしいけれど、学習者、特に学び始めたばかりの人たちにとっては、とても使いやすい二人称なのです。ですので少し違和感があっても、そこで「この人は失礼な人だ」などと嫌悪感を持たないようにしてみるのは、大切です。エポケーですね。英語では誰に対しても you ですね。先生に対しても社長に対しても大統領に対してもお父さんお母さんに対しても、you でいける。シェイクスピアの時代には、you 以外にも二人称がありましたが、変わってきました。

　もう 1 つ例をあげると、「あげる・もらう・くれる」、これは日本語の動詞のなかで授受動詞と呼ばれる動詞ですが、これも学習者にとってむずかしい文法の 1 つです。中国人の同僚に日本語で「ごめんなさい、お金忘れちゃって。千円貸してください」と言われて「そうですか、どうぞ」と千円を渡したときに、「どうもありがとう。明日必ず返してあげます」と言われたことがありました。ちょっと違和感がありますね。これはなぜかと言うと、日本語の「あげる・もらう・くれる」は、恩恵

の授受のニュアンスがあり、感情が入ってしまいます。たとえば自分の家に誰かが訪ねてきて、それがうれしいときには「友だちがわたしの家に来てくれた」と言います。うれしいとか楽しいなどのことばは使わないけれども、「来てくれた」と言うだけで、そこにはうれしいという気持ちが入るわけです。そして、聞いた方は「うれしかったんだな」と理解するでしょう。反対に、誰かが来て迷惑だったとき、「昨日、友だちに家に来られた」と受け身の助動詞「られる」を使います。そこで迷惑だった、いやだったという気持ちを表現します。日本人≒日本語の母語話者は、理由はわからないけれども、子どもの時から使ってきたので、その違いを感じとり理解します。しかし、非母語話者、日本語を外国語／第二言語として勉強している人たちにとっては、それはとてもむずかしいところです。ですので、お金を貸したときに「明日必ず返してあげます」なんて言われると、「何、この人。失礼な人だ」のように思ってしまいがちですけれども、そこには日本語のむずかしさが関係しているのです。英語は、give と take、これはニュートラルに使う動詞です。中国語の場合には「給」ということばを使いますが、これもやはり英語と同じようにニュートラルな意味です。そこに恩恵の授受など入らない。そこが間違いやすい理由なのですね。ですので、違和感を持ったとしても、嫌悪感は持たない、断罪しないという気持ちのしぐさ、身ごなしが必要です。

　本章の最後で皆さんに普通の日本語を「やさしい日本語」に翻訳してもらいますが、正解はありません。どんなに工夫しても、相手に伝わらなければ「やさしい日本語」ではありません。そして何が「優しい」「易しい」かというのは、その相手のバックグラウンドによって違います。年齢とか職業とか、あるいは漢字圏から来た人とそうではない人とでは、違います。ですので、相手のことを考えていろいろ試してみる。相手を思いやる優しい気持ちが、「やさしい日本語」につながります。

5　話すときの「やさしさ」

　やさしい日本語を使った具体的なコミュニケーションの方法について、

話すとき、聞くとき、書くときで分けて、述べていきます。出入国在留管理庁と文化庁をはじめとして、各自治体や国際交流協会などでも、「やさしい日本語」の普及は現在重要な課題となっていますので、さまざまなガイドラインや書き換えマニュアルがネット上で参照できます。詳細はそちらにお任せするとして、ここではごく基本的な情報をまとめてみます。

【話すとき】
① わかりやすく！
② 相手をよく見る
③ 視覚にも訴える

　まず、話すときのポイントは、この3点です。

　あたりまえですが、わかりやすく話しましょう。と言われても、と思うかもしれません。具体的には、重要な情報を聞き取りやすく発音するということ。少し高いトーンではっきり話しましょう。それから、意味のまとまりでちょっと区切ってみるということ。それから、文の区切りをはっきりさせる。ここで文が終わっていますよということをはっきりさせるということです。日本語は言いさしというのが多いんですね。わたしもよく使うけれども、○○なんだけど…とか、○○みたいな…で切れてしまい、終わってるのか続くのかよくわからないような場合が多いです。ここは「○○です、○○します」ときちっと言って、ここで終わっていますよ、というのがはっきりするように話すのがわかりやすさにつながります。

　それからむずかしいことばは、日常会話で使うことばに変える。「登校してください」よりも「学校に行ってください」という言い方がわかりやすいです。「土足厳禁ですよ」より「靴を脱いで入ってください」がいいです。

　敬語もやはりむずかしいので、敬意は言い方や視線とか表情で伝えましょう。不機嫌な表情で視線を合わせないまま「ご不明な点があればお尋ねください」と言うよりも、にっこりしながらしっかり相手の目を見

て「わからないときは聞いてください」と言った方がわかりやすいということです。

　2つ目は、相手をよく見て話し、積極的に理解確認をすることです。相手の表情や反応を見ながら話してみましょう。栁田（2013）では、外国人と普段からよく接している日本人10名とほとんど接したことのない日本人10名を対象に、情報提供の話し方について比較調査をしています。その結果、接触経験の多い日本人は、接触経験の少ない日本人に比べて、積極的に理解確認をしていました。「大丈夫ですか」とか「いいですか」「わかりましたか」とか聞きながら話す、ということです。これを日本人同士でやると、ちょっと失礼かなと思いがちですが、非母語話者に対する場合、ことばのキャッチボールをすることで確実に理解してもらうことも必要です。そして、相手がわかってないなと感じたら、ゆっくり繰り返したり別のことばに言い換えたりしてください。でも、はっきり「わかりません」と言ってくれないことも多いので、気をつけた方がいいですね。自分が、たとえば英語とか中国語とか自分の非母語でコミュニケーションをするときどんなふうにふるまうか、想像してみてください。

　3つ目に、視覚に訴えるという点です。写真やイラスト、実物を見せたり、絵を書いたり、重要な要件や数字は紙に書いて渡したりしてみましょう。また、話しながら文書の大切な部分をマーカーなどで強調するなどの工夫も大切です。

6　聞くときの「やさしさ」

　とても大切なのですが忘れがちなのが、聞くときについてです。4点にまとめました。

【聞くとき】
① 相手の話に対する関心を、表情や態度で示しながら聞く。
② 理解したことを表すあいづちが効果的。
③ 受け取った情報内容を、自分のことばで繰り返し、確認する。

④ 相手が言葉に詰まったときに、積極的に助ける。

　まず、話している人とその人の話に関心があるということを、きちんと相手に伝わるように、表情や態度で示しながら聞くということです。家族のなかでも、皆さん経験あるかもしれませんが、お母さんに「ちょっとあなた、聞いてるの ?!」なんて言われて「聞いてるよ、うっせえな」というような会話が、どこの家庭でもあるかと思います。自戒も込めて（苦笑）、話し手に安心感を与えないのは、よい聞き方ではないということです。わたしはあなたの話をしっかり聞いていますよということを、態度や表情で相手に伝える。これはとても大切ですね。

　それから 2 つ目が、あいづち、です。特に「わかりました」や「なるほど」など、わたしは理解したということを表すあいづちは、話し手に安心感も与えて効果的です。

　3 つ目に、受け取った情報内容、相手の話した内容をまとめて自分のことばで言ってみて確認するということです。「ちょっと待ってくださいね、今あなたが言ったことは、つまり〜〜ということですね」というふうに、自分のことばでパラフレーズして確認してみましょう。

　それから 4 つ目は、相手がことばに詰まったときには積極的に助けていくということ。自分が外国語を話すときのことを想像すると、聞いている人からのそうした手助けは、とてもありがたいものだとわかります。「助けてほしい」というサインや要求がないときもあるので、「相手をよく見て」判断してください。

7　書くときの「やさしさ」

　次は、書くときについてです。公共の場の案内、商店内の掲示、学校や行政などからの各種お知らせ、あるいは個人的な手紙やメールなどもあるでしょう。

【書くとき】
① 要点を伝える。

② できるだけ一目でわかるように。
③ 分かち書きにする。
④ 簡単にする。
⑤ むずかしいけれど知っておくべきことばは、そのまま使う。

　まず、要点を書きましょう。読み手にとって、必要な情報は何かを考えて、絞り込んでいく。できるだけ余分な情報をカットします。たとえば時候の挨拶など、これも状況によりけりですが、非母語話者にとってはむずかしく、意図が読み取れず困ってしまう場合があります。

　2つ目は、できるだけ一目でわかるようにする。特に、見出しや最初の1行で何の情報かがわかるようにします。たとえば「七十歳未満の入院時の高額療養費について」という見出しの書き方だと、ちょっと意味がよくわからず、母語話者でも読み飛ばしてしまう場合があるかもしれません。しかし、「高い入院費が安くなる制度」として、カッコ付きで「高額療養費制度について」と書いてあると、これはしっかり読まなければ、と意識しやすいですね。

　またイラストやピクトグラムもオリンピック・パラリンピックの「レガシー」として日本全国にいろいろ出てきましたけれども、絵のサインです。これも有効です。

　3つ目は、分かち書き。分かち書きというのは、英語のように、単語と単語の間に空白部分を入れる書き方です。日本語の場合、基本的には分かち書きをしませんが、場合によっては、特に非母語話者の場合には、この分かち書きもわかりやすさにつながります。

　4つ目の、ことばを簡単にする。特に災害時には、小学2年生ぐらい、日本語能力試験で言うとN4とかN5段階の漢字や語彙を使うといいと言われています。そして、漢字にはルビを振りましょう。

　それから1文を短く、複文を避ける。たとえば、「彼は怪我をしていたし疲れていたのに仕事をした」。これが複文ですけれども、「彼は怪我をしていました。そして疲れていました。でも仕事をしました」と、この方がわかりやすいということです。学生のレポートなど読むと、1文

がものすごく長く、5 行くらいを一息に書いている場合があります。そうすると、どれが主語でどれが述語なのか、読んでいる人どころか、書いている本人もわからなくなってくるのですね。小説などは別ですけれども、わかりやすく人に伝えることを求められる文章の場合には、できるだけ 1 文は短い方がいいです。

それから、二重否定を避ける。これも日本語は結構あります。「このような例はまったくないというわけではない」のような文です。これはむずかしいので、避けましょう。

最後に、むずかしいけれども知っておいた方がいいことばは、そのまま使うということです。そして、カッコで意味の説明をつける。たとえば、必着というのは「その日までに相手に届くように送る」とか、消防車は「火を消すくるま」、炊き出しは「温かい食べ物を作って配る」など。特に炊き出しなどは日常生活ではあまり使いませんが、非常時にはとてもよく使うので、やはり覚えておいてほしい。だから、そのまま使って、意味を書き加えます。

【文章について】
・手順のある内容は、番号を付けて箇条書きで記述する。
・重要な情報ははじめにはっきり表記する。
・当事者に失礼な表現は避ける。

【レイアウトについて】
・14 ポイント以上の文字で表記する。
・ゴシックの見えやすい字体を使う。
・行間をあける。
・1 ページの行数を制限する。
・1 つの文がまとまって見えるように改行する。

わかりやすい文章、レイアウトに書き直すためのポイントとして、たとえば、番号を付けて箇条書きで記述するのは、いいアイデアです。
そして、小さい文字だとわかりづらいので、14 ポイント以上の文字

が推奨されています。フォントも明朝よりゴシックの方がわかりやすい。また、ユニバーサルデザインという新しく開発されたフォントですが、比較的多くの人たちに伝わりやすい字体だと言われています。最近使う人が増えてきています。（本書はこれを使っています。）

　それから、行間をあけるとか、行数を制限するとか、改行の工夫もわかりやすさにつながるので、気をつけたいところです。

8　「やさしい日本語」に翻訳してみる

　では、実際に次の日本語を「やさしい日本語」に翻訳してみましょう。

① 趣味は何ですか。
② このお菓子、手作りなんです。
③ すみません、110番してください！
④ 飲酒運転は絶対にだめですよ。
⑤ 優先席には座ってはいけません。
⑥ 落としたお財布の特徴は？
⑦ 暴風雪警報が出ています。車が立ち往生する恐れがあります。
⑧ あの店ヤバイ。エモすぎる。
⑨ おめえんとこ、ズッキーニなんかくう？　ほしけやあ、かまあず持ってきな。
⑩ うちの犬、言うこときゃしねえわ。
⑪ 区役所では、区民に対する保健・福祉サービスを一体的に提供するため、妊産婦・乳幼児・児童・高齢者・精神障害者の保健についての相談と指導を行う保健センターと、生活に困っている方、心身に障害のある方、児童、高齢者、母子・寡婦・父子家庭などで、さまざまな心配事を持っている方達の相談を受け、必要に応じた援護・措置を行う福祉事務所が連携して厚生部の業務を行っています。（⑪は岩田2012より引用）

　わたしの翻訳例を示しますが、前述した通り「やさしい日本語」はこれが絶対正しいという正解はないので、あくまでも例です。

まず、①から⑩までは話しことばです。

① 具体的に「何が好きですか、音楽ですか、スポーツですか、お料理ですか、わたしは本が好きです」のように言ったらいいかもしれませんね。

② 「このお菓子、わたしが作りました」。「手作り」がちょっとむずかしいですね。

③ 「すみません、警察に電話してください。番号はイチ・イチ・ゼロです」。「ひゃくとうばん」は間違いなくむずかしいので、数字のところを少し高いトーンではっきりと言います。

④ 飲酒運転はわかりにくいので、「お酒を飲んで車や自転車に乗ったらだめですよ」。

⑤ 相手との関係性にもよりますが、具体的に、わたしだったら手振り身振りも交えて「すみません、その席はおじいさんおばあさん、怪我をしている人が座りますよ。座らないでください／あちらの席に座ってください」。

⑥ 「落としたお財布の色は、黒ですか、白ですか、大きいですか」、そして自分のお財布を見せながら、「こんなお財布ですか」というふうに聞いてみます。

⑦ これはアナウンスのようですけれども、「雪がたくさん降ります、風も強く吹きます、車に乗らないでください、危ないです」、と緊迫感のある表情や声のアナウンスだとどうでしょうか。

⑧ 「あの店ヤバイ」「エモすぎる」など、若者ことばでしょうか。友だちしか通じない若者ことばはおもしろいけれど、むずかしいですね。「やばい」という形容詞、わたしの世代だと、困ったことになったなどネガティブな意味ですが、今は、あの店やばい、すごくおいしいという意味にも使うでしょうか。「エモい」も、うれしい、かなしい、泣きそうだ、感動したなどいろいろな意味で使うようですね。これらはそのときの文脈によって意味が違ってきて、楽しいけれども、伝わりにくいので気をつけましょう。若者ことばを喜ん

で使いたい学習者も多いと思いますから、やはり状況により丁寧に解説してあげたり、使えるように教えてあげるのも楽しいと思います。

⑨⑩ これは東京の一部の方言とも言えそうですし、もしかしたら比較的年配の方が使うことばかもしれませんが、どうでしょう。親しい近しい人との親密な会話、互いのあたたかい関係が見えてきそうな、一概に「伝わりにくいから言い換えましょう」とは言えないような話しことばです。表情や身振り手振り、視線や声のトーンなどで、このままで問題ない場合もあるかと思います。「ズッキーニ、もし好きだったら持って行ってください」「わたしの犬は、言うことを聞きません」と言うと、矛盾するようですが、意味も相手との関係性も変わってしまうような気もしますね。ですので、やはりこも、伝わっているかどうか気をつけつつ、状況に応じて、ということになるでしょうか。

⑪ 最後は書きことばです。最悪な文章、ではなく、これは文なのですね。実際に行政で使われていた書きことばです。これ、6行全部が1文です。どれが主語でどれが述語なのかわかりにくいです。書いている人もわからないかもしれません。あるいはわかっていたとしたら、できれば来ないでくださいという、その気分がにじみ出てしまっているような、そういう文ですね。わたしにも難解でしたが、次のように翻訳してみました。書きことばなので、ルビもつけましょう。

「健康や生活の中の困ったことなどがあったとき、区役所で相談できます。

1. 保健センター

　　おなかに赤ちゃんがいるお母さん、赤ちゃんや小さい子ども、おとしより、それから心の病気の人たちが、病気や健康について、相談し、助けてもらうことができます。

2. 福祉事務所

お金がなくて困っている人、心や体に病気や障害を持つ人、小さな子ども、おとしより、ご主人が亡くなった人、お父さんだけの家族、お母さんだけの家族などの人が、いろいろな心配なことを相談し、助けてもらうことができます。」

　この箇条書きだとずっとわかると思いませんか。

　けれどもわたしたちの周りには、この翻訳前の文書のようにわかりにくい通達やお知らせなどが結構あります。これは以前からの文章をそのまま踏襲してしまおうとか、あるいは法律の文章をそのまま使ってしまおうという姿勢で書いている、あるいはずっと受け継がれてきた習癖のようなものがあって、なかなか変わっていかない面があります。でもやはり、これは日本語が母語でない人にはわからない。こういう文を書かないように、気をつけたいものです。

　最後に、「やさしい日本語」を考えるときにとても大切な点ですが、柳田（2020）で的確に指摘されていることを確認したいと思います。柳田は、日本人の日本語の説明がどのくらい「わかりやすいか」を、外国人60人に評価してもらい結果を分析しています。そこでは、「わかりやすさ」を作るのは、細かな言語的調整よりも、むしろ会話への積極的で落ち着いた態度、そして対等な関係を前提とし「どれだけ誠実に自分に向き合ってくれているか」というコミュニケーションに対する基本的な姿勢だと述べています。これは、どんな言語でのコミュニケーションでも、母語話者同士でもそうでなくても、いつも心がけていたい点です。

【参考文献】
あべやすし（2015）『ことばのバリアフリー──情報保障とコミュニケーションの障害学』生活書院
イ・ヨンスク（2013）「日本語教育が「外国人対策」の枠組みを脱するために：「外国人」が能動的に生きるための日本語教育」庵功雄・イ ヨンスク・森篤嗣編『「やさしい日本語」は何を目指すか──多文化共生社会を実現するために』ココ出版 第14章
岩田一成（2012）「震災からの学び「やさしい日本語」について」龍谷大学主催ラウンドテーブル「ウェルフェアリングイスティクスを考える──持続可能な

地域社会形成にむけて」配布資料
岩田一成（2011）「「やさしい日本語」理念の普及〜地域日本語教室を軸として〜」
　庵功雄他（2011）平成22年度〜25年度文部科学省科学研究費補助金「やさ
　しい日本語を用いたユニバーサルコミュニケーション社会実現のための総合
　的研究」pp.13-18
佐藤和之（2009）「生活者としての外国人へ災害情報を伝えるとき─多言語か
　「やさしい日本語」か」『日本語学』28巻第6号　明治書院
角知行（2010）「識字率の神話─「日本人の読み書き能力調査」（1948）の再検
　証」かどやひでのり・あべやすし編（2010）『識字の社会言語学』生活書
　院　第4章
東京都オリンピック・パラリンピック準備委員会「「やさしい日本語」について」
　https://www.2020games.metro.tokyo.lg.jp/multilingual/references/easyjpn.
　html（2023年6月26日最終確認）
土岐哲（2010）『日本語教育からの音声研究』ひつじ書房
内閣府（2006）「阪神・淡路大震災教訓情報資料集」https://www.bousai.go.jp/
　kyoiku/kyokun/hanshin_awaji/data/detail/1-1-2.html（2023年5月4日最終
　確認）
松岡洋子（2016）「多文化コミュニティキーパーソンに対する人材育成研修─日
　本での実践」国際公開研究集会「移民と受け入れ社会のコミュニティ創生─
　ひと・しくみ・ことば」配布資料［科学研究補助金基盤研究（24401125）研
　究課題「移住者と受入れ住民のコミュニティ形成に資する複言語コミュニケー
　ションと人材育成」（研究代表者：松岡洋子）］
松田陽子・前田理佳子・佐藤和之（2000）「災害時の外国人に対する情報提供の
　ための日本語表現とその有効性に関する試論」『日本語科学』7
三重県国際交流協会（2013）「やさしい日本語ワークショップ」配布資料
柳田直美（2013）「「やさしい日本語」と接触場面」庵功雄・イ ヨンスク・森篤
　嗣編『「やさしい日本語」は何を目指すか─多文化共生社会を実現するために』
　ココ出版　第5章
柳田直美（2020）「非母語話者は母語話者の〈説明〉をどのように評価するか─
　評価に影響を与える観点と言語行動の分析」『日本語教育』177巻　pp.17-30
横山詔一・前田忠彦他（2023）「研究ノート 日本人の読み書き能力 1948年調査
　における非識字率と生年の関係」『計量国語学』33(8) pp.602-611

読書案内

『やさしい日本語─多文化共生社会へ』庵功雄（2016）岩波新書

　「やさしい日本語」について包括的に、しかも手軽に学ぶことができ
る基本文献です。著者は、移民時代の多文化共生社会実現のために、日
本語学や日本語教育学が大きく貢献できると述べています。〈付録〉の
「やさしい日本語」マニュアルも、わかりやすく便利です。ただ、著者

はそうした言語的調整と同時に、あるいはむしろそれにも増して、間違いをあげつらうことのない「包容力のある」耳、誰もが同じ土俵に立つための「お互いさまの気持ち」の必要を主張しています。

『やさしい日本語で伝わる！　公務員のための外国人対応』岩田一成・栁田直美（2020）　学陽書房

　全国各地の自治体で「やさしい日本語」研修を行ってきた著者たちが、「多文化共生社会のマナー」のテクニックを紹介しています。自治体窓口という移民社会の「最前線」に向けた本書ですが、当然その文章も、また紙面のデザインも親切でわかりやすく、中高生用のテキストにも使えそうです。そして、やはり最も大切なのはテクニックではなく、「目の前の相手が誰であっても、相手を尊重し、コミュニケーションしていこうとする姿勢」という主張は貫かれています。

（ この章を読んだあとで——課題 ）

① 自分が住んでいる自治体のホームページを見てみましょう。そこでは、どのような多言語情報があるか、また「やさしい日本語」での情報発信があるか、確認してください。そして、そこに疑問点や、自分だったらこうするなあという改善点があるかどうか、探してみましょう。

② 周りにいる日本語学習者に、日本語のどんなところがむずかしいと思うか、インタビューしてみましょう。話すとき、書くとき、聞くときなどに分けて、少し時間をかけて対話しつつ意見を聞いてみてください。その際、あなた自身の「話し方」「聞き方」についても、「やさしい日本語」を意識してコミュニケーションしてみましょう。

③ 自分の周囲の「わかりにくい」看板や文字情報を探してみましょう。コラム 11「言語景観」にも関連しますが、街で、学校で、駅で、病院で、レストランやショッピングセンターで、あるいは家の中や机の上などにあるもののラベルなどでも、「わかりにくい」「不親切だ」と思う文字情報を探し、できれば写真を撮り、仲間と共有しあってみてください。

「やさしい日本語」の源流？「簡約日本語」とその背景

「北風と太陽」という物語をご存知でしょうか。北風と太陽が、どちらが強いか力比べをします。「まず北風が強く吹き始めた。しかし北風が強く吹くほど、旅人はマントにくるまるのだった。ついに北風は、彼からマントを脱がせるのをあきらめた。」そののちに太陽が、旅人をぽかぽかとあたたかく照らし、暑くなった旅人がマントを簡単に脱いだというお話です。

1980 年代の後半、国立国語研究所では、外国人が学びやすい日本語を考えようと、この物語を例として次のように書き換えました。

「まず北の風が強く吹き始めました。しかし北の風が強く吹きますと吹きますほど、旅行します人は、上に着ますものを強く体につけました。とうとう北の風は彼から上に着ますものを脱ぎさせますことをやめませんとなりませんでした。」

奇妙な日本語ですね。

これは簡約日本語と呼ばれ、賛否両論があり論争が起こりましたが、やはりこの「奇妙さ」が災いし、国立国語研究所の試みは実を結びませんでした。

ここでは、簡約日本語が作られた 1980 年代の後半がどういう時期だったのか、考えてみましょう。バブルの絶頂期で、派手な時代でした。そして、現在は 30 万人以上いる留学生は、当時はまだ 1 万人ぐらいしかいませんでしたが、このころから日本語を勉強する人たち、そして日本に入国する外国の人たちがどんどん増えてきたのでした。ジャパンマネーを目指して、というようなこともありました。日本に来る人たちと、日本語を勉強する人たちが爆発的に増えた時期です。この人たちにとって学びやすい日本語を、と考えられたのが、簡約日本語でした。

簡約日本語の研究と同じ時期、中曽根康弘さんという総理大臣がいて、その中曽根内閣が留学生 10 万人計画というのを打ち出しました。1983 年、この当時わたしは学生でしたが、周りに留学生はほぼいませんでした。日本は、高度経済成長期を経て、たとえば ODA なども世界第 2 位になって経済大国と呼ばれるようになってきていました。

一方で、エコノミックアニマルとか札束外交などとも言われ、お金はたくさんあるけれど国際的に何か尊敬されていないようだと、日本政府としては考えていたと思います。国連への拠出金などもたくさん出しているのに、なんだか尊敬されない、経済大国だけど文化大国ではない、国際的なプレゼンスが低いということについて、中曽根さん含め日本人の一部の人たちはジレンマというのか、くやしいような思いも持っていたと思います。国連の安全

保障理事会の常任理事国にも日本は入りたいと、ずっとこの時代から言っていて、今も目指しているわけですけれども（外務省 2020）、経済だけではなく、そういうところでも国際社会の中で尊敬されたい、プレゼンスを高めたいという意識が、中曽根内閣にもあった。そのために、やはり日本を知ってもらうためにとりあえず留学生を増やしましょうよという計画です。

　当時 1 万人ほどだった留学生を、2000 年までに 10 万人まで増やす目標を作りました。この時期、アメリカが 30 万人ぐらい、フランスが 10 万人ぐらいの留学生がいた。アメリカ並みとはいかないけれども、とりあえず 2000 年までにフランス並みに増やしましょうと、留学生 10 万人計画が作られたのです。（これは 2003 年に目標達成しました。）

　そうすると、留学に来てもらうためには、日本語の能力がどの程度なのかを測定する試験も必要だということになります。1984 年に、今は N1 から N5 までありますが、当時は 1 級から 4 級までレベル分けする、日本語能力試験が開始されました。

　そしてその翌年の 1985 年に、外国人の学習者に日本語能力をつけてもらうためには、日本語の先生としての能力も試験を行って認定しましょうと、日本語教育能力検定試験が開始されました。現在は、日本語能力試験も日本語教育能力検定も、公益財団法人日本国際教育支援協会の事業として行われています。2023 年 6 月に「日本語教育の適正かつ確実な実施を図るための日本語教育機関の認定等に関する法律（略して日本語教育機関認定法）」が成立し、今後は「登録日本語教員」という国家資格のための新しい試験ができますが、2024 年 1 月現在、制度設計が続いています。

　ちなみに、留学生 30 万人計画というのが 2008 年に出て、これももう達成されています。2017 年に達成されて、2019 年には 31 万人ぐらいになりさらに増えていましたが、コロナ禍で減りました。留学生 30 万人計画は、10 万人計画の時とはまったく違い、端的に言えば、その目的は、日本社会の少子高齢化対策の一環だと言えるでしょう。

　さらに、日本政府は 2033 年までに「留学生 40 万人受け入れ」という目標を発表しました（内閣官房 2023）。やはり少子化に伴う人材確保が、その大きな目的です。

【参考文献】

外務省（2020）国連外交　安保理改革 Q&A　https://www.mofa.go.jp/mofaj/gaiko/un_kaikaku/j_rijikoku/qa.html（2023 年 5 月 7 日最終確認）
内閣官房（2023）教育未来創造会議「未来を創造する若者の留学促進イニシアティブ〈J-MIRAI〉（第二次提言）」工程表

第5章

「やさしい日本語」への
反対論から考える

前章で考えた「やさしい日本語」に対する反論を起点に、ことばが変化していることについて、そして日本の外国語教育が「英語だけ」であることの功罪について、具体的な例から考えます。そこから、わたしたちの安心と安全に欠かせない「ことばのバリアフリー」のために何が必要か、考えてみましょう。

【キーワード】「美しい日本語」、残留日本語、ら抜きことば、読むときのやさしさ、ことばのバリアフリー

1 「やさしい日本語」への反論

　「やさしい日本語」に対し、多くの人たちが「これは大切。今後わたしたちみんなが知識もスキルも持っていなければいけない」と考える一方で、「やさしい日本語でいいの？」「こういう方向でいいんですか」という、つまり、やさしい日本語に対する反論があります。学生たちの議論のなかからも、そうした意見があがります。いくつかの種類の反論や批判がありますが、ここでは次の2点について紹介し、考えてみたいと思います。

「やさしい日本語」反対論

1. 正しく美しい日本語が、壊れてしまう。
2. いっそのこと全部を英語にした方が簡単だ。

　まず、長い伝統の中で作られてきた美しい日本語、語彙がとても豊かで、いろいろな表現が可能な美しい日本語が、崩れてしまうのではないか。外国人のために、日本列島で生きてきた祖先たちが長い時間かけて作ってきた、わたしたちの日本語が壊れてしまうのはおかしい、という意見です。

　これは、日本語だけではなく、他の言語、たとえばフランス語でも同じような議論があります（磯脇 1994 など）。フランス語はスペルがむずかしい。だから、スペリングを単純化しようという議論がフランスでもあります。そうした運動に対して、いやいやそんなことをしたらフランス全体の知的なレベルが低下してしまう、という反論があります。これは「やさしい日本語」に対する反論と通じるところです。

　2つ目は、いっそのこと全部英語にしてしまえば簡単だという意見です。人々のコミュニケーションをシンプルにするためには、「やさしい日本語」よりも、世界のことば全部を英語にしてしまえば便利だ。日本語、中国語、タイ語、フランス語、ドイツ語と多くの言語があるから、わたしたちはとても苦労するし、混乱する。だから、世界中のコミュニケーションを全部英語にしてしまえばいい。特に外国語教育では、英語だけでいい、英語だけでも大変なのだから他言語は要らないという意見です。実質的に日本の初等中等学校の外国語教育は英語だけになっていますが、効率性、経済的合理性を考えたら、その方向がいい。世界中の人たちが英語だけでコミュニケーションできるならば「やさしい日本語」は意味がない、ナンセンスだと思う。

　学生たちからこのような意見が出てくるとき、どういうフィードバックができるでしょうか。何点か述べたいと思います。

2 ことばは生きている

　まず1つは、ことばは生きているということです。具体例を示して
みます。1940年代に文部省の機関（日本語教育振興会）が出していた、
月刊誌の『日本語』という雑誌がありました。当時の日本語の先生や言
語学者などが書いていた雑誌です。1941年の同誌の中で、座談会を収
録した記事ですが、ある文学者と言語学者が「最近の日本語は敬語がな
くなってしまい、品格がない」として、あることばを「非常に不愉快
だ」と言っています。これは、いつも、つまりどの時代でも言われるこ
とですね。今も若い人たちのことば遣いがなってないとか、敬語が使え
ないとか。バイト敬語とも呼ばれるようですが、いきなり「3名様でよ
ろしかったでしょうか」とか「千円からお預かりします」って日本語
じゃないだろう、のように言われる。今もこうして同じようなことが言
われていますが、1941年の時点で、その言語学者が「非常に不愉快」
と言うのが、「ありがとうございました」、このことばです。なぜかと言
うと、「現在形だと感謝の意味が非常に濃いが、過去形にすると現金で
感情は非常に薄くなる」と言うのです（方紀生他1941、佐藤春夫と大岡
保三の発言）。「ありがとうございます」と、現在形でなければ感謝の気
持ちが伝わらない。過去形では、謝意がそこでプツンと切れてしまうと
いうことです。これは当時の商店などで「いらっしゃいませ、ありがと
うございました」がセットでマニュアル化されていて、それが社会全体
にいきわたったのですね。今も、たとえばマクドナルドで使われている
マニュアルことばが、そのまま市中に流れ出るということがありますが、
当時も「ありがとうございました」というマニュアルことばがすごく嫌
だと考える言語学者が、いたのです。「ありがとうございました」は現
在わたしたちは普通に使っているわけで、このように昔は嫌がられてい
たものが、普通になってくるという現象があります。そういう意味で、
ことばは変わっている、つまり生きていると言えます。

3 植民地時代からの「残留日本語」

　それから、もう1つ、「ことばは生きている」証しとして、真田（2009）

で指摘されている台湾や朝鮮半島の残留日本語の例が興味深いです。台湾、朝鮮半島は、かつて日本の植民地だった場所です。他国・他地域の人たちを、ここは日本だ、あなたたちは日本人だと、支配したのでした。子どもたちは学校で、朝鮮語や台湾で使われている言語は日本の方言と同じように汚いことばだ、悪いことばだとして、日本語の標準語を勉強させられました。現在ご高齢の方たち、当時、学校で日本語を勉強した人たちや、そのお年寄りに日本語を教えられた子孫の人たちの村など、今も日本語を使っている場が、朝鮮半島や台湾の一部にあります。そこでの丁寧語が、「です」に偏っていて「ます」が消滅傾向にあるということです。つまり、「嘘はつけないです」、「行かないです」、「帰ったです」、「来たです」、「わたしにくれたです」、というような日本語です。嘘はつけません、行きません、帰りました、来ました、わたしにくれました、という「ます」の形を使わないで、「です」に統一されつつある。「嘘はつけないです」「行かないです」、このあたりは、わたしぐらいの世代でも違和感はありません。若い日本語ネイティブにとっては、ぜんぜん問題ないのではないかと思います。外国人、日本語学習者は、こちらの方が断然いいと言います。なぜなら、こちらの方が簡単だから。でも、「帰ったです」とか「来たです」、「わたしにくれたです」、ここらへんになると、ネイティブとしては「あれ？」と思うかもしれません。

　日本社会で、この「ません」から「ないです」への推移を調べた調査についても、真田（2009）で紹介されています。キネマ旬報という雑誌の 1961 年の 1 年間と 2002 年の 1 年間を調べたものです。そこで「ません」、「行きません」や「わかりません」というのが 1961 年だと 90％、そして「行かないです」「わからないです」と「です」を使う形が 10％でした。しかし、2002 年になると「わかりません」「行きません」と「ません」を使う形が 60％、「わからないです」「行かないです」と「ないです」を使う形が 40％と、ぐっと増えています。それから 20 年以上過ぎた現在は、同じくらいか、あるいは逆転している可能性があります。わたしの肌感覚でもそうですが、皆さんはいかがですか。

　このような日本社会での言語使用の変化を見ると、台湾や朝鮮半島の

残留日本語が、この変化を先取りしていると言えます。つまり、ネイティブがいないところでネイティブではない人たちが使っている日本語が、日本国内の言語変化を先取りしている。これはおもしろい現象で、ここからもことばは生きていて変わっていくということは言えると思います。だから、先ほどの「美しい日本語」、歴史の中で作り上げてきた語彙の豊かなすばらしい日本語が、「やさしい日本語」の導入によって壊れてしまう、劣化してしまうという「やさしい日本語」への反論については、「やさしい日本語」という概念がなくても、次第に変わっていくことには変わりがない、自然現象だという反論への反論ができそうです。一方で、このような変化は次に見る「ら抜きことば」と同様の、ルールの単純化による変化だと言えますが、「ません」がなくなってしまうかというと、そうとも言えないと思います。ことばは生きていて変わっていくことは自然ですが、たとえば敬語の「食べられる」「行かれる」は規則性が高くルールの単純化に合っているものの、「召し上がる」「いらっしゃる」もまだ消える気配はありません[4]。

4 「ら抜きことば」

　「ら抜きことば」を、皆さん使うでしょうか。「食べられる」なのか「食べれる」なのか、「来られる」のか「来れる」なのか、「見られる」なのか「見れる」なのか。学生たちに聞くと、友だち同士や家族では「食べれる」と言うけれど、就職の面接時には「食べられる」を使うと言う人たちもいます。

　この「ら抜きことば」が発生するのは、中学で勉強した国語文法を思い出してほしいですが、下一段・上一段活用とカ行変格活用という種類の動詞の未然形＋助動詞「られる」です。このうちの「できる」の意味

---

4)「やさしい日本語」が日本語母語話者の表現の世界まで踏み込むことになるのかどうかという問題は、今後の議論や実際の変化を待ちたいところです。「いらっしゃる」「召し上がる」などの規則性のない日本語が公的場面で使われなくなるほうが、日本語の初学者にとってはありがたいことのように思います。一方で、丁寧さや格調の高さなどを含意したい場合に、旧来の言い方、あるいは規則性の低いことばが使われる可能性もあるとの見解もあります（尾谷 2012）。

に、ら抜きことばが発生します。わたしが日本語教師になったばかりのころは、もし留学生が「食べれる」と書いた場合、これバツですと言う先生もいました。この先生のように、ら抜きことば「食べれる」はよくないと思われがちですが、実はこれも経済的な、合理的な「ルールの単純化」と言えます。

　「書く」や「読む」など、これは五段活用動詞です。書<u>か</u>ない、書<u>き</u>ます、書<u>く</u>、書<u>け</u>ば、書<u>こ</u>う、と「かきくけこ」と変化しています。読<u>ま</u>ない、読<u>み</u>ます、読<u>む</u>、読<u>め</u>ば、読<u>も</u>う、と「まみむめも」です。これは、一段動詞やカ変動詞・サ変動詞とは違う動詞ですね。この五段活用の動詞、「書く」という動詞の可能形、「できる」の形が「書ける」です。「読む」の可能形が「読める」です。can write、can read ですね。いくつか説がありますが、井上（1998）によれば、江戸時代の初期のころまでは、can write は「書かれる」、can read は「読まれる」だったそうです。これが変化して、現在は「書く」「読む」の可能形が「書ける」「読める」と、可能動詞として変わってきました。ローマ字で書くとわかりやすいです。もともと KAK**AR**ERU だったものが、AR が抜けることによって、KAKERU になった。YOM**AR**ERU が YOMERU と、AR が抜けて「読める」と変化しています。その変化の痕跡が「行く」という動詞に見られます。「行く」は、多くの言語で頻繁に使われる動詞です。ですので、複雑に変化したり、いろいろな意味に使えたりするようです。英語だと、go、went、gone と不規則変化しますね。ベトナム語では di ですが、これは「行く」だけではなくて、たとえば「食べる」という動詞と一緒に使って、「どんどん食べなさい」「食べよう食べよう」のような意味になったりします。日本語の「行く」も、少し特別です。五段動詞のこの動詞の可能形 can go の形、「行ける」と言う人の方が多いと思いますが、まだ「行かれる」も使います。「明日学校、一緒に行かれる？」という人もいます。わたしは、両方とも使います。つまり、can go は「行かれる」も「行ける」も両方ともあって「揺れて」います。ですので、特別な五段動詞「行く」に、この変化の痕跡が見えるわけです。

そして、「ら抜きことば」も、これと同様の変化をしています。つまり、上で見た五段動詞と同様に、一段動詞やカ変動詞も「TABER**ARE**RU 食べられる」の、AR が抜けて「TABERERU 食べれる」となっている。「食べられる」は、受身の形や尊敬の形とも同じですね。「わたしのケーキ、弟に食べられちゃった」と、これは受身の形です。尊敬だと先ほど見たように「召し上がる」もありますが、「社長、朝ご飯食べられましたか」と尊敬の形も同じです。つまり、受身も尊敬も可能も全部同じになってしまいます。それで、この混同を避けるために、まずは五段動詞が変わってきたという説があります。昔は「書かれる」で尊敬も受身も可能も使ってきたけれども、可能形だけは「書ける」と変わってきて区別できるようになった。それと同様に、「ら抜きことば」も、今のところ嫌われる場面もありますが、おそらく合理的で経済的な変化です。「書かれる」が可能動詞として今使われないのと同じように、「できる」の意味での「食べられる」もあと 50 年ぐらいしたらなくなる可能性もあるでしょう。ですので、やはりことばは生きていると言えると思います。

- kak**ar**eru 　　→ 　kakeru
- 書かれる 　　　→ 　書ける

- yom**ar**eru 　　→ 　yomeru
- 読まれる 　　　→ 　読める

- ik**ar**eru 　　　↔ 　ikeru
- 行かれる 　　　↔ 　行ける

- taber**ar**eru 　→ 　tabereru 　??
- 食べられる 　　→ 　食べれる 　??

5　英語だけでいいのか

　それからもう 1 つ、「やさしい日本語」への反論として、そんなめんどくさいことはしないで、もう世界中全部、英語でコミュニケーション

できるようになればいいじゃないかという意見についてです。

　英語以外の言語の教師の仕事がなくなってしまうという面でも、個人的に反対したいところではあります（笑。しかし笑いごとでもないですが）。ただ、そうした自身の利害を抜きにしても、やはり英語だけになってしまうのは危ないのではないかと思います。

　センター入試に代わり 2022 年から新しく大学入学共通テストになりましたが、外国語の科目で英語を選ぶ人たちが圧倒的に多いです。ドイツ語、フランス語、中国語、韓国語でも受験できますが、受験者数はごく少ない。英語受験者数の割合が 100 パーセントに近いのが日本です（独立行政法人大学入試センター 2024）。

　一方で、フランスを見てみると、バカロレアという大学に入るための資格試験では、langue vivante（生きている言語という意味で、英語にすると modern language）、今、実際に使われている言語という科目があります。ここで選べる言語が、地域やコースによって異なりますが、60種類近くあります（フランス国民教育省 Ministère de l'Éducation Nationale et de la Jeuness）。日本語もあります。ここから選ぶことができる。これを見ても、日本とは状況が違うということが言えます。

　日本社会は、日本人とは日本語だけで、外国人とは全部英語で話せばいいというような、二重の単一言語主義だと言われます（大山 2016）。日本にいる外国人のなかには、英語を話さないのに英語で話しかけられて困ったという声もあります。

　それでは、外国語教育を英語だけにするメリット・デメリットについて、山本（2018）を参照しつつ考えてみましょう。まずメリットとしては、学習や教育にかかる時間と費用を英語だけに集中できる、それは合理的ですね。他の言語の教員養成、教材作成、試験作成など考えたら、英語だけにした方が、費用も時間もかかりません。

　それから、世界中で多くの人が使っているのが英語だから、入試などの選抜に英語が最も使われやすい。英語は確かに大切です。これだけ世界中で使われている言語です。インターネット上でも英語での情報はあふれているので、知らないより知っていた方が便利です。海外旅行など

でも使える場面は多いでしょう。英語を上手に話すと「すごい」「国際派だ」「うらやましい」などと他者から思われることがあるかもしれません。そんな点もメリットとして言えるでしょうか。

　しかし、デメリットも多いです。まず、英語以外の言語やそれを話す人たちに対して、無関心になりやすいということは言えると思います。

　また、英語によって得られる情報だけで、世界はこうだ、国際社会はああだというふうに単純化しやすいという点もあるでしょう。

　それから、国際社会での英語の母語話者の優位性を無意識に無批判に受け入れてしまうということがあるかもしれません。英語母語話者だというだけで就職活動などで優位になることを、そのまま受け入れてしまうということがありうるのではないか。これもデメリットと言えるでしょう。

　そして、英語だけを教育し英語だけを重要視する学校や社会全体の雰囲気によって、英語以外の言語や文化を継承している家族の、その歴史や感情、アイデンティティの拠り所が揺らぎやすいということも言えると思います。外国ルーツの子どもの日本語教育については後述しますが、子どもが自分の言語や文化、英語や日本語以外の言語は価値がないものだと感じてしまったり、あるいは他の言語を話す親世代、祖父母世代とのコミュニケーションができなくなったりする。お母さんがベトナム人で日本人のお父さんだった場合、子どもは本来だったら両方の言語や文化を受け継ぐことができるはずなのに、「なぜベトナム語を勉強しなくちゃいけないんだ」となりがちです。これはとても大きな問題として顕在化する場合があります。おじいさんおばあさんとコミュニケーションができなくなったり、さらには両親とでさえも、コミュニケーションがむずかしいというケースが出てきてしまう。

　さらに、日本語がいつのまにかなくなってしまうという点も、英語だけを重視し続けるときに起こりうる危険です。二重（日本語と英語）の単一言語主義と言いましたが、国際社会では英語に比べたら日本語は少数言語です。英語の方が圧倒的に強い。そうすると、英語だけでいいじゃないかという考えの先に、英語よりもずっと小さくて弱い日本語が

消滅してしまう可能性があります。これは、わたしとしてはとても困ります。わたしにとって一番自分を表現できる言語は日本語なので、この言語がなくなってしまうのは絶対に嫌です。

　たとえば、フィリピンの場合、英語が上手な人が多いですね。フィリピンの高等教育、大学での教授言語はほぼ英語です。中等教育でも、理数系の科目の教授言語は英語が主流です（柳原 2007）。フィリピンにはたくさんの言語がありますが、タガログ語（フィリピノ語）やセブアノ語を多くの人たちが日常生活で使います。しかし、高等教育では主として英語が使われて、タガログ語、セブアノ語などはあまり使わない。そうすると、フィリピンの人たちが日常的に使っている言語の語彙が豊かになっていかない可能性があるのです。

　日本語が、今後大学で教授言語として使われなくなったら、日本語が弱まっていき、そしていつかなくなってしまうかもしれない。そのぐらい英語の力は強いのです。言語は、それを使っている人たち、それを母語とする人たちの経済力、軍事力、政治力、そういうものとぴったりくっついている側面があります。ですので、日本語は英語に比べたらずっと弱いので、なくなってしまう可能性がある。それは、わたしを含む日本語母語話者にとって、猛烈に困ることだと思います。当面は、日本語がなくなる心配はないかもしれません。しかし、世界には日本語よりももっと弱い言語がたくさんあります。自分の母語がなくなりつつある人たち、「猛烈に困る」局面にいる人たちのことを想像してみたいと思います。

　最後に、言語や文化の多様性という側面です。生物の多様性は、守らなければいけない。パンダもゴリラも絶滅危惧種で、なんとか守らなくてはならない。生物の多様性を守っていくこと自体が地球全体を守っていくことだという考えは、おおむね多くの人たちが共通して持っていると思います。それと同様に、文化の多様性、言語の多様性をしっかり守っていこうと努力することも、地球の、国際社会の危険を回避するために、そして穏やかな公正さを持って次の時代を切り開いていくために、わたしたちにとって必要な奮闘ではないでしょうか。

6 読むときのやさしさ

　ここまで「やさしい日本語」への反論に対する反論を、述べてきました。前章では「やさしい日本語」の方法について、話す・聞く・読むという、3つの技能に分けて述べました。言語活動の4技能と言われますが、最後に「読む」こともお伝えしたいです。なぜなら、「やさしい日本語」という概念を知ったうえで「読む」ことは、日本語を学ぶ人たちの安全と安心のために、そしてわたしたちの社会の安全と安心のために、市民としてみんなが持つべき大切な力だからです。それは、「やさしい日本語」のマインド（庵 2019）への反論への反論とも言えます。

　イ（2013）でも、野田（2014）でも取り上げられているエピソードです。教育社会学者で、外国ルーツの子どもたちに対する教育活動家でもある清水睦美による、『ニューカマーの子どもたち』（清水 2006）の中の作文を読んでみましょう。来日し2年目の中国出身の、中学1年生の作文です。原文のまま読んでみてください。

　　外来の人になにもてきません。学校きたからみんなてわるいのはなしいわれました。この人ともたちいない。自分でさふしかた。この人を中国からきました。いろいろがわかないし。たれかおしえて欲しい。でもみなでわたしのきもちなんかわかないです。わたしはわかる1年前にわたしは日本にきたの学校にきたときに。みんな怖い。学校にいきたくない。こころときときする。教室の中に。みなてなんかいわれた。わたしはいろいろかわかりません。たれかたずけて。自分て怖いかた。わたしは学校でいぢめることあります。あのどきこわいかた。あの人のきもちわたしはわかる。あのときさぶしかた。

　わかりにくいところもありますね。2年経っているのに、十分な日本語教育を受けられなかったのだなと思います。ただ、わたしたちはこれを読んで、この生徒がわたしたちの社会に来て、どんなに怖かったか、どんなに辛い思いをしたかということは、読み取る必要があるでしょう。そういう意味でも、「やさしい日本語」について、「読む」という技能は

実はあまり注目されないけれども、ここから読み取らなければいけない事柄を読み取る力、について伝えたいと思いました。

　わたしたちの日本の社会は、小さいころから「同じ」を求められてきました。少しでも違うと、よくないことと捉えられがちです。幼稚園の時から、先生たちに悪気はないのですが、たとえばみんなでお砂場で遊んでいる時に先生が「みんなと一緒にお砂場で遊べないお友だちは誰かなー」と言うと、子どもたちが「○○ちゃん！」と答えたりします。「みんなと一緒にお昼寝できないお友だちは誰かな」とか。みんなと一緒がいいんだと、教育の中で、わたしたちは知らないうちに躾けられてきました。

　それは悪いところばかりではありません。これをやりなさいと言われたことを、みんなできちっとできる。また、不満があっても文句は言わないで、集団の秩序を大切にするところはありそうです。東日本大震災の後の、あの大変な場で、こんな状況の中で日本人はわがままを言わずきちんと秩序を守っていると、世界の人々から賞賛されたのでした。

　けれども、「違いを認めない」ことは、困ることもたくさんあります。

　教育の中で、わたしたちは「みんなと同じように」と躾けられてきたけれど、それはDNAとは関係ないことです。だから、あれっ？　何かおかしいと思ったら、少しずつ変えていくことができるのではないでしょうか。

　わたしも教員の1人として、教育の役割で一番むずかしいと思うのは、2つの矛盾した役割があることです。1つは、学校から社会に出て行く時に、この社会に適応できる人になってもらわなければならない。そうしないと、お給料がもらえないし、自分も家族も守れない。だから、この社会で「うまくやっていく」力を養成するのは、教育の役割です。ただ一方で、その適応するべき社会自体が、本当に万全のいい社会なのかというと、そんなことはない。変わらなければいけないところがたくさんあります。つまり、この社会をもっといい社会に変えようとしていく意欲や力も養成しなければならない。この2つの力は、矛盾しています。社会に適応する力と、一方で、その適応すべき社会を変えていく力。矛

盾するけれども、この2つは、1人の人の中に、バランスを保ちながら持っていなければいけない力ではないでしょうか。これはむずかしいけれども、教育の役割です。

7　ことばのバリアフリーへ

　わたしたちの社会は、漢字混じりの日本語が読める人だけを想定して作られてきたと言えます。誰もが読み書きできるはずだし、できなければおかしいという社会通念が、わたしたちの中にありました。もうちょっと言うと、小難しくて漢字がたくさんあってわかりづらい文章の方が、格調が高いような、「わたし、頭いいからこんなふうに書きますよ」というような、そんな風潮があるのかもしれません。あるいは、他者からの批判を避けるために、前例をそのまま踏襲した文書の方が無難だという思いもあります。前からずっとこれだったからという、そういう意識があって変わりにくいところがありました。

　でも、よく考えると、わたしたちみんなが非識字者、読めない書けない人になる可能性があるわけです。たとえば、糖尿病とその予備軍の人たちは、日本国内では男性が6人に1人、女性が10人に1人だと言われていますが、糖尿病は進行すると失明します。これから高齢化がさらに進んだ時、目が見えない人、読めない人は今よりも多くなるでしょう。すでに亡くなったわたしの父は、40代の後半ぐらいに字が書けなくなりました。彼は建築技師だったので図面は描けるけれど、字が書けない。特に人の前で字を書こうとすると、手がブルブル震えて書けなくなる。書痙と言いますが、書字障害、病気です。母と一緒に神社にお祓いに行ったり心理療法を受けたり、いろいろしたらしいですが、結局最後まで書けませんでした。会社には内緒にしていたようです。図面が描ければよかったから仕事は続けたけれど、当時高価だったワープロをいち早く買って、字が書けないことを隠していました。そういう人が、今もたくさんいるのではないでしょうか。それをわたしの父のように隠すのは、やはりおかしいと思います。できないことはできない、わからないことはわからないと言える社会の方がいい。たとえば、音声サービスや対面

朗読、代書などを簡単に要求できるような環境、その場と人を作ってい
く必要があります。そして、寝たきりで病院や施設や家にいたとしても、
市役所や図書館などによるアウトリーチ、地域への出張サービスが今後
はさらに必要です。誰もが平等で公平な情報を得られて、さらに発信も
できるような社会の仕組みを作っていけたらいい。それが「ことばのバ
リアフリー」（あべ2015）です。

　でも、そんなことできるわけないし、理想論だという意見はあると思
います。確かに理想論でしょう。ただ、あべ（2015）も主張するように、
日常生活の中で選択に迷ったときに、何が理想なのかということを、今
の時点で検討しておくこと自体に現実的な意味があると思います。迷っ
たときに、行くべき方向を示す、1つの指針になる。終わりのないプロ
セスなのかもしれないけれど、意志と方向性を持ったそのプロセスこそ、
本当の意味での多文化共生なのではないでしょうか。

【参考文献】

あべやすし（2015）『ことばのバリアフリー──情報保障とコミュニケーションの
　障害学』生活書院
庵功雄（2019）『やさしい日本語──多文化共生社会へ』岩波書店
磯脇幸恵（1994）「フランス語の綴り字改革について」『エウローペー』（成城大
　学大学院文学研究科ヨーロッパ文化専攻）第3号 pp.21-41
井上史雄（1998）『日本語ウォッチング』岩波書店
イ・ヨンスク（2013）「日本語教育が「外国人対策」の枠組みを脱するために：
　「外国人」が能動的に生きるための日本語教育」庵功雄・イ ヨンスク・森篤
　嗣編（2013）『「やさしい日本語」は何を目指すか──多文化共生社会を実現す
　るために』ココ出版　第14章
大山万容（2016）『言語への目覚め活動──複言語主義に基づく教授法』くろしお
　出版
尾谷昌則（2012）「「書かないです」と「書きません」」法政大学国文学会『日本
　文學誌要』86巻 pp.32-44
方紀生他（1941）「座談會 日本語と日本文化」日本語教育振興会『日本語』第
　1巻第3号 pp.64-84
真田信治（2009）『越境した日本語──話者の「語り」から』和泉書院
清水睦美（2006）『ニューカマーの子どもたち』勁草書房
独立行政法人大学入試センター（2024）「令和6年度大学入学共通テスト（本試
　験）平均点等一覧（中間集計）」https://www.dnc.ac.jp/（2024年1月20日最

終確認）

野田尚史（2014）「「やさしい日本語」から「ユニバーサルな日本語コミュニケーション」へ——母語話者が日本語を使う時の問題として」『日本語教育』158号 pp.4-18

柳原由美子（2007）「フィリピン理数科教育の教授言語に関する一考察」『敬愛大学国際研究』20号 pp.115-140

山本冴里（2018）「英語だけでいいですか——英語一極集中の功罪」有田佳代子・志賀玲子・渋谷実希編著『多文化社会で多様性を考えるワークブック』研究社 第16章

Ministère de l'Éducation Nationale et de la Jeuness, Le Bulletin officiel de l'éducation nationale, de la jeunesse et des sports（https://www.education.gouv.fr/bo/21/Hebdo31/MENE2121395N.htm）（2024年5月1日最終確認）

読書案内

『節英のすすめ——脱英語依存こそ国際化・グローバル対応のカギ！』木村護郎クリストフ（2016）萬書房

　著者木村はヨーロッパの小さな言語ソルブ語を使う人々を研究し、ソルブの人々がその小さな言語を使い続けるのは、自分たちの落ち着く空間、拠り所があるという安心感を見出しているからだと言います。その著者は「節英」を、自分の英語使用がどのような意味を持つかを自覚して、節度を持って使うこと、と定義します。わたしたちが英語を学ぶ意味・使う意味を知るための、「節英五か条」も興味深いです。

『かれらの日本語——台湾「残留」日本語論』安田敏朗（2011）人文書院

　著者の安田は、前章で参照した庵他編『「やさしい日本語」は何を目指すか』（ココ出版）の最終章で「「やさしい日本語」の批判的検討」という論考を書いています。その著者が「残留日本語」の「残留」という捉え方を批判しつつ、あくまでカッコつきの「残留」日本語、台湾を舞台として植民地時代から現在までの日本語について論じた本です。

この章を読んだあとで——課題

① 身近にいる人たちに、「ら抜きことば」について聞いてみましょう。使うか使わないか、その理由、使うとしたらどんなときに使うか、どん

なときに使わないかなど。また、本文を参考に可能の意味の「行かれる」「行ける」の使用についても聞いてみましょう。世代や地域によって違うのではないでしょうか。

② あなたの身の回り、街中や駅や電車の中、商店やキャンパスや教室内、また商品についているラベル、あるいは行政機関からのお知らせなどを、「ことばのバリアフリー」という観点から観察してみましょう。気になったものを写真に撮り、気になった理由について仲間と話し合ってみましょう。

③ 野口英世は明治生まれの細菌学者で、2024年まで千円札の肖像でした。この野口の母シカさんが息子に宛てて書いた手紙の全文を、Web上で探し、読んでみてください。海外で仕事をする息子に手紙を書くために字を学び、願いを力いっぱい表現したような、ひらがなだけの手紙です。「やさしい日本語」の「マインド」を持って読み、母シカさんの思いを想像してみましょう。

留学生から「先生、『わかりません』と『わからないです』って、どう違うんですか」という質問がありました。すると、日本語ネイティブの学生たちも、どう違うのかなといろいろ考えてくれたので、紹介してみます。

まず、かしこまった場、よそ行きの態度が求められる場、たとえば就職活動の面接などでは、「わかりません」「行きません」を使う。けれども、そうではなく、緊張したり気取ったりする必要がない場だと、「わからないです」にするんじゃないかという意見がありました。また、「わかりません」「行きません」と言ってしまうと、ちょっときつい感じがする、ストレートに否定的な思いが相手に伝わってしまうんじゃないか。むしろ「行かないです」「わからないです」と言った方が、オブラートに包んだ、ちょっと柔らかい感じ、否定だけれども直接的ではない感じがして、どちらかと言うと「〜ないです」を使うという意見もありました。今のところ、人によって違うという段階でしょうか。

それから次に、「行かないです」は大丈夫、「来ないです」も大丈夫だけど、「行くです」とか「来たです」、これはちょっと変、違和感があるという意見が多かったです。ここに「の」や「ん」が入る、つまり「行くんです」「来たのです」だとだいじょうぶ、しかし、意味はちょっと違ってきそうです。「の」や「ん」が入ると、かなり強い感じがします。「こういうわけで行くんです」「どうして来たのですか」と、その理由を強める／求める感じでしょうか。「ん」や「の」が入らない「行くです」「来たです」は、今のところ違和感がありそうです。

でも、学生たちのなかに「これはタラちゃん語ですね」という人もいて、確かにそうですね。漫画のサザエさんの 3 歳の息子タラちゃんは、「行くです」「来たです」と確かに言います。子どもはシンプルなルールに従って、これを使っています。「タラちゃん一緒に行く？」と聞くと「行く行く！」と言うところですが、これをちょっと丁寧に言いたいので、そこに「です」をくっつけた。「もう来たかな？」「うん、来た」を丁寧にしたくて「来たです」にした。効率的といえば効率的で、この流れに人々の日本語の使い方が変化していく可能性はあるのかもしれません。

コラム7 自分の言語と競争力の強い言語

　中国人留学生が、中国の普通語と地方語について話してくれました。中国には多くの言語があって、学生たちの母語もいろいろです。たとえば、上海の人たちが話す上海のことばは、他の地域の人たちが聞いてもさっぱりわからないということがあるようです。読み書きは同じですが、発音が違って、ぜんぜんわからないというようなことが、同じ中国出身の留学生のなかでもあります。普通語と言われる北京語、マンダリンと地方語の関係が議論されているようです。普通語が大切だから地方語はもう勉強しなくていいという考えと、そうではなく、地方のことばをしっかり残して使っていかなければいけないという意見が、交錯し拮抗していると話してくれました。実用的というのか、進学や就職のことを考えると、おそらく普通語、北京語が優勢になるでしょう。

　これはもちろん中国だけではなく、ことばの教育には、いつもずっとついて回るような葛藤です。かつて1930年代半ばに、山形で生活綴り方教育を行った国分一太郎は、子どもたちに自分たちの生活や感情を自分のことばで生き生きと表現させるための「方言詩」の価値を信じていました。

　しかし同時に、強い競争力を持つ標準語を身につけさせて社会に送り出したいとも願い、国分はこの二極に引き裂かれて苦悩します。

　琉球諸語、沖縄のことばについても後述しますが、沖縄の人たちにとっても、社会で競争していくためには競争力の強い言語、標準語を知らなければならないという考えがある。けれども、自分たちの昔からの言語を守りたい、守っていかなければならないという主張も当然あります。

　これは、人々の考え方の違いとして現れると同時に、1人の人の心の中でも対立します。考え続けていかなければいけない、ことばの問題の1つです。ただ、1つの解決策として、しかも意外と簡単、とは言えないまでも、大きな無理のない解決策として、両方とも大切に、どちらも捨てないというやり方、つまりバイリンガル教育があげられます。バイリンガルの子どもたちをたくさん育てていくことが、現実的な選択として、1つの解決策ではないでしょうか。

【参考文献】

国分一太郎（1935）「生活詩の立場から」『教育・北日本』第二号　1935年10月

第6章
日本語を母語としない
子どもたちへの日本語教育

海外にルーツがある子どもたちの教育は、日本語教育界にとどまらず、わたしたちの社会全体の大きな、そして喫緊の課題です。本章では、まずデータを見て問題を確認しましょう。その後、発達心理学や第二言語習得論での議論を参照しながら、子どもの言語習得について考えていきます。わたしたちは皆、家族や周りの人たちや学校教育のおかげでことばを習得してきましたが、そのメカニズムについては一般的にはあまり知られていません。特に第二言語習得については、今後の世代を担う子どもたちのために、市民として知っておきたい課題があります。

【キーワード】子どもの言語発達、プレリテラシー、一次的ことば、二次的ことば、母語教育、氷山モデル、第二言語習得

1 「日本語指導が必要な高校生等」についての調査の衝撃

まず、次ページの表を見てください。

これは平成30（2018）年と令和3（2021）年に文科省が発表した、日本語指導が必要な児童生徒の受入状況等に関する調査の結果です。日本語指導が必要な高校生の中退率・進学率などは、2017年（発表の前年）の調査で初めてわかった数値でした。わたしたち日本語教育関係者は、最初の調査結果を見て、ある程度想像はしていたけれども、やはりこんな状況だったのかと強い衝撃を受けました。

	中退率	進学率	就職者における 非正規就職率	進学も就職も していない 者の率
日本語指導が 必要な高校生等 〔2018 ↓ 2021〕	9.6% ↓ 6.7%	42.2% ↓ 51.8%	40.0% ↓ 39.0%	18.2% ↓ 13.5%
全高校生等 〔2018 ↓ 2021〕	1.3% ↓ 1.0%	71.1% ↓ 73.4%	4.3% ↓ 3.3%	6.7% ↓ 6.4%

文部科学省総合教育政策局 2018、および同 2023 より作成

　2018 年の調査結果では、学齢相当の外国人の子どもの住民基本台帳上の数字とその就学状況の把握数値を比べると、約 2 万人もの「不就学」[5]の子どもたちがいる可能性があることがわかりました。

　また、就学し高校に進学していたとしても、中退した子どもたちの割合は、高校生全体だと 1.3%なのに対して、日本語指導が必要な高校生、つまり非母語話者の子どもたちは、その 7 倍以上でした。新しい調査では改善していますが、まだ大きな差があると言っていいでしょう。かつ、卒業したとしても、その後の進路を比べると、2021 年の高校生全体の進学率が 73.4%なのに対し、「日本語指導が必要な高校生等」のそれは 51.8%と低いです。さらに、就職者における非正規就職率は全高校生の場合 3.3%に対し、「日本語指導が必要な高校生等」は 39.0%という、比較にならない高さです。日本語の非母語話者の多くの生徒は、卒業後に不安定な雇用状態で働いているということです。これらの数値は、最初の 2018 年の数値に比べると、新しい調査ではいずれも改善しています。本人たちはもちろん、関係する多くの人たちの努力の結果だ

5）文部科学省によれば、外国人登録されている義務教育就学年齢にある子どものうち、義務教育諸学校、外国人学校のいずれにも就学していないことが確認できた者、と定義されています（文部科学省 2022）。

と言えます。けれども、毎日新聞取材班（2020）などに明らかにされている通り、1990年代から顕在化してきたこの問題は、残念ながら、いまだ解決していない場合も多いです。

これらの数字を見て想像しうることは、第2章でも見た通り、海外ルーツの子どもたちの成績が伸び悩んでいるとき、サボっているとか勉強嫌いとか見られがちだけれども、日本語の、言語的な手当てをしてもらえなかったために、意欲を持続できず本来の学力を十分に伸ばす機会がなかったという可能性です。

もちろん高校や大学を卒業しなくても、実社会で自己実現し大きく成長し、羨望される地位に就く人々、また、あたたかな家庭を築き幸せをつかむ人々、納得のいく仕事や社会活動を通して豊かに生きる人々は多いです。しかし、構造的な要因で本来の力が伸ばせず将来の可能性を奪われ、社会的居場所をも奪われるような子どもを生んでしまうとしたら、わたしたちは進む方向を再検討しなければなりません。

そして、もちろんごく一部でしょうけれども、学校社会からドロップアウトしてしまうことによって、反社会的な団体や犯罪などとつながってしまう可能性もあります。また、今、教育格差について多く言及されていますが、経済的に厳しい立場に置かれてしまったり、貧困が連鎖してしまうという状況が、この数字から想像できるかもしれません。これは本人の責任ではなく、わたしたちが作ってきた社会構造の問題です。

2　子どもの言語発達：プレリテラシー、一次的ことば、二次的ことば

子どもの言語発達について、発達心理学の分野では、一次的ことば、二次的ことばという用語も使います（岡本1985）。第2章で生活言語能力と学習言語能力という用語について述べましたが、生活言語は幼児期に習得する一次的ことばで、その後に習得する学習言語は二次的ことばと言えます。

一次的ことばは基本的に話しことばです。具体的な状況でことばをやりとりします。個人的な、目に見える体験的な学習として、小さい子どもは、この一次的ことば、生活言語を獲得していきます。

小さい子どもは生活言語、一次的ことばしか使いませんが、学習言語、二次的ことば獲得の準備のための、プレリテラシーという段階があります。子どもたちは読めないし、まだ書けない。けれども、幼児期にたくさん本の読み聞かせをしてもらった子どもは、字が読めない・書けない段階でも、まるで読んでいるかのような、あるいは文字を書いているかのような行動をすることがあります。たとえば「大きなかぶ」という絵本は、皆さん読んだことあるでしょうか。子どもは、お父さんやお母さん、おじいさんのあぐらの中などに座って本を読んでもらいますが、そのページになると「うんとこしょーどっこいしょー」と自分で言っちゃうのですね。読めなくても、何度も聞いてわかっている。そして、大人が読んでくれているときに、自分でページをめくったりします。読めないけれども、そのぐらいたくさん聞いて、見て、覚えている。また、文字はまだ書けないけれど、書いている大人の真似をして、お友だちに手紙（のようなもの）を書いている。それがプレリテラシーと呼ばれる時期です。

　小学校に入ると、学校では書きことば、二次的ことば、学習言語を勉強します。生活言語、一次的ことばの習得が個人的で体験的な学習であるのに対して、二次的ことば、学習言語の習得は組織的で体系的な学習です。話しことばのなかでも、書きことばに近い話しことばもわかるようになってきます。ニュースを伝えるアナウンサーのことばや、教師が授業で話すことばなどは、どちらかと言うと、書きことばに寄った話しことばですが、こういうことばを習得していきます。本の読み聞かせを十分してもらったり、しりとりや「ち・よ・こ・れ・い・と」などと言いながら競争するじゃんけん遊びの中で、読み書きの土台を作ってきた子ども、プレリテラシーがある子どもは、すっとこちらに入っていきます。学校に行っても、文字学習のときに、自分が何をやってるのか、すっとわかる。話しことばと書きことばの間の、書きことば的な話しことばも、すぐにわかります。

　けれども、あまり読み聞かせをしてもらえなかったり、ことば遊びの中でプレリテラシーを作ってこなかった子どもは、文字学習のときに、

今何やってるのかわからない場合があります。「みんないったい何をしてるの？」という感じで、最初の、スタートラインから違ってきてしまう。プレリテラシーがある子どもは読み書きもどんどん上手になっていくけれども、プレリテラシーがない子どもはそれがむずかしい。最初から平等ではないところがあると言えます。

　だから、お父さんお母さんが非母語話者の場合、もちろん自分の言語でたくさん読み聞かせやことば遊びをしてもらっていれば、プレリテラシーはついていきます。けれども、すごく仕事が忙しかったり、あるいは自分の母語の絵本がすぐに手に入らなかったりということが、在日する外国人のお父さんお母さんには往々にして起こります。そうすると、その子どもたちはスタートラインから、ハンディがついてしまうという現実があって、これも大きな問題だと言えます。

　一次的ことばと二次的ことばの違いをもう少し解説しましょう。一次的ことばが使われるのは具体的で現実的な場面です。すぐに見える、ここにあるものが見えるという場面です。目の前のお菓子を食べて「おいしいね〜」「甘いね」ということばを知るのは、一次的ことばです。一方で、二次的ことばが使われるのは、現実を離れた場面です。たとえば日本にいて外国のことを勉強する、あるいは江戸時代のこと勉強するのは、現実を離れています。これが二次的ことばを使う場面です。

　コミュニケーションが成立する文脈としては、一次的ことばの場合にはことばと同時に状況もあります。「立ちましょう」と言われたときに、先生の表情やジェスチャーとともに、他の子どもたちが立っていれば、すっとこれをやるんだなとわかります。しかし、二次的ことばの場合、学習言語の場合は、文脈はことばしかないという状況です。

　それから、一次的ことばは少数の親しい特定の人々とのやりとりです。家族とかいつも一緒にいるお友だちとか。一方で、二次的ことばは、不特定多数の未知の人々に向けた、あるいはそこから向けられたことばです。教科書に書いてあることば、テレビニュースで使われるようなことばなどです。そして、授業中に使われる先生のことばも、部分的には二次的ことばと言えるでしょう。

また、一次的ことばは、会話式の相互交渉です。目の前に1人の相手がいて、その人とのやりとりがある中で理解できたり、理解させたりできる場合です。たとえば、わたしにとっても、講義で1人でベラベラ話すことは結構むずかしいのです。でも、小さいクラスで、学生とやりとりがある、相互に交渉があると、「うんうん、そうそう、そう思う」「いや、それはちょっと違うんじゃないか」などというように、対話形式だと発話が比較的簡単だとも言えます。ただし、少人数クラスの対話的授業の場合には、学生たちからの予期せぬ質問や話の展開があって、むしろ教師にとってはそちらの方がむずかしい場合もありますが（笑）。話を戻すと、二次的ことばでは、一方的に自己設計しなければいけない。一定の聴衆に向かうスピーチ、話のプロットを自分で設計し、聞き手からの直接のフィードバックがない一方的なスピーチは、多くの人にとってむずかしいです。

　そして、媒体。一次的ことばだと話しことばで、二次的ことばは書きことばと話しことばが両方入ってくる。ここがやはり違うところです。

　ここまで、一次的ことばと二次的ことばの違いを整理してきました。これらの情報をもとに次項では、あるケースについて、皆さんに少し考えてもらいたいと思います。

3　あなたが担任の先生なら…

　これは川上他（2014）のエピソードをもとにした架空のケースですが、ジェインさんという小学校6年生の子どもの、その担任の先生の話です。もし皆さんが担任の先生だったらどんなことをするか、ちょっと考えてみてください。そしてジェインさんに必要な支援はどんなことなんだろうということも考えてみてください。

> **ジェインさん（小学校6年生）の担任の先生の話**
> 　ジェインは小学校2年の時に母親と一緒に来日しました。編入当初はまったく日本語ができず、友だちもできず、ただお客さんのように教室に座っているだけでした。通訳の人も見つかりませんで

した。

　それでも、高学年になると、友だちもできて、日本語もだいぶ話せるようになりました。やはり子どもはことばを覚えるのが早いなあと思います。でも、あれだけ日本語が話せるのに、テストの成績は低いままでした。数字を使う算数でも、文章問題はほとんどできません。もともと勉強が嫌いなのかなと思います。

　家では母親とはフィリピン語で話しているようです。日本人の父親からは、「日本語が上手にならないから、家でも日本語だけで話せ」と注意されるそうです。

　このまま中学校に行ったら、もっともっと勉強がわからなくなって、高校進学もむずかしいのではないかと心配です。

　ジェインさんは、日本語の初期指導を受けなかった。日本に来たばかりの最初の時に、日本語を勉強する機会がなかった。まず、これが大きな問題です。そして、フィリピンのことばはいろいろあってジェインさんやジェインさんのお母さんの母語が何かははっきりわからないけれども、フィリピンの状況を考えると英語も一定程度できるのではないかと思います。母語や英語の力を配慮した言語の手当てもしてもらっていない可能性があります。この場合、先生には、できるなら第二言語習得についての知識を少しでも持っていてほしいと思います。「あれだけ日本語が話せるのに、テストの成績は低いままでした」とこの先生は言っているわけですが、一次的ことばと二次的ことば、生活言語と学習言語の習得に、どのぐらいの時間的な差があるのかということについて、最低限の知識を持っていてほしいです。小学校2年の時に来たので、母語や英語での一次的ことばは話せるはずで、その力も大切にするように、できれば先生からもたびたび言ってあげてほしいのです。そして、日本人のお父さんは、「家では日本語だけで話しなさい」と注意しているそうですが、これもお父さんに対して、教員として説得する機会があったらいいと思います。理論的なバックグラウンドを持ったうえで、お父さ

んに「お気持ちもわかりますが、ジェインさんの将来のために母語もとても大切なので、伸ばしてあげましょう」ということを説明して、理解してもらいたいものです。

　また、ジェインさんの自尊感情を育てるということも大切です。状況によってさまざまな方法があると思いますが、たとえば、フィリピンのことばや英語を、みんなの前で披露してもらう、あるいは簡単な挨拶などをクラスメートに教える、など活躍の場を作るのはどうでしょう。いくつも言語が話せてすごいね〜というような雰囲気を作っておいてあげることも、教師としてできるかもしれません。また、フィリピンはこういう国だよ、特にフィリピンのすてきな場所などをクラスの子どもたちに話して、いつか行ってみたいねというような、ジェインさんが自分のバックグラウンドを否定しないような、クラス全体への指導、さりげない語りかけ、「違い」を排除しない教室風土づくりというのも、教師ができることだと思います。せっかくフィリピンから来た子どもがいるのに、それを他の子どもたちのための教育的な資源として使わないのはもったいないし、ジェインさんにとっても、自分のバックグラウンドを自慢していいんだ、誇れるものなんだと思える、そういうサポートがあれば、お客さんのように座っているだけではなかったんじゃないかと思います。

　ただし、ここでは重大な注意点があります。その過程で「日本人対外国人」のような二項対立的で不用意なステレオタイプを作らせないという点です。「異文化紹介」などのイベントをやると、往々にして子どもたちの間に、安易なステレオタイプ的理解を作り出してしまうことがあります。「やはり日本人と〇〇人は違う」というような、単純なステレオタイプの強化です。この点をわたしたち教員は十分に注意する必要があります。知的で誠実で誰も排除することのないあたたかみのある教育、それを授業や学級づくりに生かしていくというのは、簡単なことではありません。1人ではなく、子どもたちや教員の仲間たちとともに、粘り強く開発し実践し改善を重ねていくことが、自分の、そして学校や地域全体の力量を伸ばしていく道なのではないかと思います。

ですので、そのためにも、やはり先生たちが忙しすぎないようなシステム、そして研修とか勉強の機会をたくさん持ってもらえるシステムが、先生自身にも、それからジェインさんのような外国から来た子どもにも、そしてもちろん、日本人の他の子どもたちのためにも、必要です。

4　氷山モデル

　下の図は、氷山モデルといいますが、第一言語（L1）と第二言語（L2）の関係図です。

　これはジム・カミンズという、アイルランド出身でカナダの大学で教えている先生が示したモデルです。とても有名な図なので、知っている人も多いかもしれません。

　第一言語というのは母語です。そして第二言語や第三言語などたくさんある人もいます。先ほどのジェインさんの場合は少し複雑ですが、第一言語がフィリピノ語、第二言語が日本語ということにしましょう。そして、海面に出ている部分、氷山の上の見える部分ですが、それぞれの言語の表層はごく一部なんですね。つまり、共有深層能力と呼ばれる思考や学習に関する能力は、深層で共有されているという考えです。

　学習言語の習得には生活言語の習得の数倍の時間がかかる、学習言語の方が習得がむずかしいと話すと、留学生のなかには「日本語を学んで

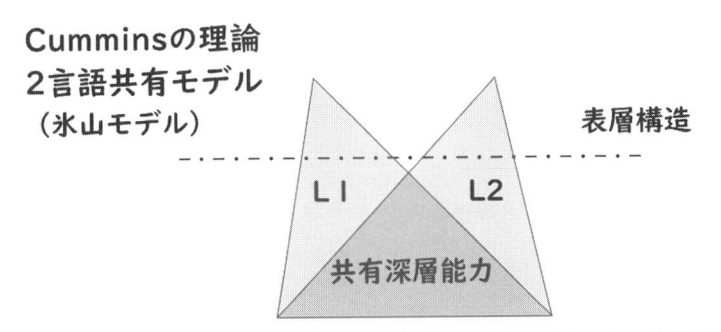

Cumminsの理論
2言語共有モデル
（氷山モデル）　　　　　　　　　**表層構造**

L1　　**L2**

共有深層能力

第一言語（L1）と第二言語（L2）の思考や学習に関係する能力は、共有されている。

第一言語と第二言語の関係

いるわたしにとっては、生活言語の方が学習言語よりもむずかしい」と話す人が多くいます。それはこのモデルから説明できます。留学生は、深層能力、すなわち思考や学習に関することばを、すでに母語でしっかり持っています。だから、あとは海面に出ている部分を学べばいいわけです。海面に出ている部分は必ずしも生活言語だけではありませんが、来たばかりの留学生にとっては、アカデミズムで使う思考や学習に関することばよりもむしろ、表層の生活言語がむずかしいのです。これはわたしにも経験があり、オーストラリアで英語を勉強していた20代のころ、ホームステイ先の幼稚園児の子どもたちと話すのが、本当にむずかしくて困った覚えがあります。

　しかし、思考や学習に関係する能力がなければ、つまり氷山の見えている部分だけの能力では、十分な学力をつけることはむずかしいのです。ですので、先ほどのジェインさんのお父さんが家では日本語だけ使いなさいと言って、今まで持っていた言語の力を伸ばしてあげる機会を作らせないということは、むしろこの力を削いでしまうことになる。だから、先生には、できたらお父さんを説得してほしいと思うのです。自分の母語を発達させていくことが、結局は第二言語、日本語を発達させていくことに強くつながるということを知っておいてほしい。そのように理論的に武装しておかないと、子どもたちの言語習得／発達を守ることはできません。言語習得だけではなくて、学力をつけてもらって、そして本来の力を発揮してもらえるような、子どもにとって当然の機会を奪わないために、教師は、大人は、まずは言語習得についての知識を持ち、そしてタイミングを見計らい他者や他の部署に働きかけていく必要があります。

　外国籍の子どもたちの問題が顕在化して30年あまり。以前に比べれば状況はずっと改善の方向に向かっていますが、今もまだ「制度」からこぼれ落ちて苦しんでいる子どもたちがいます。わたしたち大人は、そのことをただ傍観するわけにはいきません。

【参考文献】

岡本夏木（1985）『ことばと発達』岩波書店

川上郁雄・尾関史・太田裕子（2014）『日本語を学ぶ／複言語で育つ—子どもの
　ことばを考えるワークブック』くろしお出版

小柳かおる（2020）『第二言語習得について日本語教師が知っておくべきこと』
　くろしお出版

毎日新聞社取材班（2020）『にほんでいきる—外国からきた子どもたち』明石書
　店

文部科学省総合教育政策局（2018）「日本語指導が必要な児童生徒の受入状況等
　に関する調査／平成30年度」

文部科学省総合教育政策局（2023）「日本語指導が必要な児童生徒の受入状況等
　に関する調査／令和3年度「日本語指導が必要な児童生徒の受入状況等に関
　する調査結果について」（報告書）」

文部科学省（2022）「外国人の子供の就学状況等調査結果について」

Cummins, J.（1980）The entry and exit fallacy in bilingual education. *NABE
　Journal* 4, 25-60. Washington, DC: National Association of Bilingual Educa-
　tion

読書案内

『となりのアブダラくん』黒川裕子（2019）講談社

　本書は総ルビで対象年齢は小学校高学年から。6年3組の転校生は、パキスタン人のイスラム教徒アブドゥくん。クラスの中で最初はちやほやされ、その後「いない人」のようになり、さらに「違い」を攻撃され…学校という、子どもたちにとっての「戦場」が描かれていて、いくつかの場面で重苦しいため息が出ます。ムラサキの短髪でバイクに乗って学校にやってくる日本語教師で多文化共生コーディネーターのネコスケ先生が言う「知らないから怖い」「〈知らない〉って、ときどき、攻撃することにつながるんだ」は、むしろ大人がかみしめたいことばです。

『いちょう団地発　外国人の子どもたちの挑戦』清水睦美・「すたんどばいみー」
編（2009）岩波書店

　外国ルーツの子どもたちの当事者団体「すたんどばいみー」の、10年間の活動記録です。学校でのいじめ、外国籍を隠す人たち、「当事者意識」を持つことの重さ・葛藤、「できる」子どもと「危うい」子どものニーズの対立など、複雑な日常世界が淡々と語られます。子どもたち

と研究者がともに編んだ本書は、当然ながら多様で、「わかりやすさ」に落とし込まれず、しかし「戦略的」に「外国人」として自らをくくることで力を得ようとする子どもたちの実践を描き出しています。

この章を読んだあとで──課題

① 本文にあるジェインさんのケースについて、もしあなたがジェインさんの新しい担任の先生だったとしたら、どんな教育活動ができるか、再度考えてみてください。本文には、わたし自身が考えた活動例を示しましたが、「理想論で実現できない」という反論もあるかもしれません。再考し、周りの仲間と話してみてください。

② あなたが住んでいる自治体に、どのくらい「日本語指導が必要な児童生徒」がいるか調べてみてください。また、その子どもたちに対して、学校や地域でどのような教育活動が行われているのか、調べてみてください。そして、何がすばらしいか、何が足りないか、考えてみてください。

③ あなたの周囲に外国ルーツの友人はいますか。または、帰国子女など長期の海外経験がある友人はいますか。もしできたら、その友人たちに「日本に来て教育を受けて／海外で教育を受けて、よかったことと困ったこと」について聞いてみてください。ただ、出自や過去の経験について話したくないという場合もあるかもしれません。聞き方に注意し、友人に対して誠実な態度で接してください。

コラム 8　「対話」について

　授業中に、学生たちに、次のような議論をしてもらったことがあります。

　中学校の先生が外国ルーツの子どもに「あなたは自分の出身の国に誇りを持ってくださいね。〇〇人としての誇りを持っていなさいね」という指導をしました。これについてどう思うかという議論です。

　意見はいろいろ分かれましたが、「そういう指導は、わたしとしてはあまりやりたくない。自分の国に誇りを持つとか、愛国心とか愛国的な気持ちっていうのは、持ってもいいけれども教師が押し付けるものじゃないんじゃないか」という意見が比較的多かったです。それに対して、他の学生があとからコメントしていたのは、「自分としては、自分が生まれた国に誇りを持ちなさいというのは、学校教育の場で教えるべきだと思う。その方が子どもの自尊感情、自分は大切なんだ、自分の生まれた国、自分をはぐくんでくれた国はすばらしいんだという感情を育てていけるんじゃないか、とわたしは思うけれども、ちょっとその反論の声をあげにくかった」と。

　まず、前者の意見が比較的多かった理由として、授業の担当者としてのわたし自身が、どちらかというと前者の意見に近い思想を持っていて、それに無意識に反応した／影響を受けた履修学生が、担当教員のわたしに賛同する意見を表明しがちだったということがあげられるかもしれません。もちろんそうではない学生も多かったと思いますが、「教師」の影響力というのは、やはり十分に自覚しておかなければ大変なことになるということは、反省とともに肝に銘じます。

　そのうえで、考えることです。確かにみんながそうだそうだと言っているなかで、しかも、担当教員もそちらの意見に賛同しているように思える教室のなかで、それちょっと違うんじゃないかと反論していくのは、むずかしいことです。しかし、わたしたちはそこを上手に、自分自身の感情もマネージしつつ、なんとか自分の考えを表明していきたい。大きな声に流されるのではなく、多数派の意見、自分とは違う意見もしっかり見据えつつ、いやそういう面だけではないんじゃないか、別の側面から見たら違う認識もあるんじゃないかという声を、ぎこちなくてもなんとか相手に伝わるように表明していく必要があると思います。違う意見をきちんと交差させる「対話」を、わたしたちは日常でもっとたくさんしていきたいです。

　たとえば SNS 上などで、理性とか知性がどこかに追いやられてしまうような、汚らしいことばの応酬があります。でも、ここで「対話」と呼ぶのは、知性と理性をしっかり持って、そして相手に自分の意見を主張していく、相

手の意見を受け入れたうえで主張していく、という行為です。

　平田（2015）は「対話」を、「他者との価値観のすり合わせの過程で、自分の当初の価値観が変わっていくことを潔しとし、さらにはその変容を楽しむこと」と言っています。それが、わたしたちがもう少し生きやすい社会を作っていくうえで必要なのではないでしょうか。

　ですので、わたし自身にとってもむずかしいことではあるのですが、少し勇気を出して、流れに任せてしまったりあきらめたりしないで、意見を表明し、そして自分の「変容を楽しみ」たい。どちらの意見が正しいかというのは議論していかなくてはわからないことで、どちらも正しくてどちらも間違っているかもしれない。あるいは、その場での暫定的な妥協点が「第3の道」として示されるかもしれない。

　だから、特に若い人たちには、「声をあげられないなー」「別にどっちでもいいや」とあきらめたり放棄したりせず、少しだけ思い切って、他者との「対話」をがんばって楽しんでほしいと思います。

【参考文献】

平田オリザ（2015）『対話のレッスン―日本人のためのコミュニケーション術』
　　講談社

東京の八王子にある夜間中学で学ぶ、外国から来た人たちのことを動画で学生たちに見てもらいました。多くの学生がコメントしているのは、夜間中学のことを初めて知った、そこで外国人が学んでいるということも知らなかった、ということです。

夜間中学は少ないし、情報が行き渡っていません。まず数ですが、2024年4月の時点で、全国で31都道府県・指定都市に53校です。日本政府も、特に外国人の人たちの学ぶ場がないからと、夜間中学を増やしていこうとしています。文科省の教育振興基本計画にも、2023年3月の「次期教育振興基本計画について（答申）」にも盛り込まれています。ですので、5年ほど前までは30校程度だったのですが、次第に増えてきています。

外国人が、公費で、無料で、日本語もそして教科も学べる、しかも仲間と一緒に学べる場というのが、夜間中学しか、今のところシステムとしてありません。この学びの場がまだ少ない現実は、日本社会の大きな課題だと言えます。ですので政府も、今後どんどん作っていきましょうと呼びかけてはいますが、特に外国人の散在地域などでは、どこに作れば生徒が集まるのか、実際にニーズはあるのかなど、基本的なこともまだ調査が進んでいないところもあり、なかなか急増していかないという状況です。

また、自主的な夜間中学、識字教室、そして地域の日本語教室などは、教育委員会や国際交流協会、任意団体などがボランティアの人たちの協力を得て運営している教室です。2017年の文科省の調査では、161市区町村で1533件の取り組みがあるとのことです（政府広報オンライン2020）。これはボランティアの人たちが教えているので、もし謝金が出ているとしても、県や市の国際交流協会などから交通費ぐらいしか出ていない場合が多いです。

このような、ボランティアの人たちによって運営される教室は、全国にたくさんあります。わたし自身も東京や新潟の地域日本語教室にボランティアとして関わってきましたが、わたしも含めてボランティアの人たちがみんな高齢化しています。若い人たちは、忙しいし、そしてボランティアでは生活できないので、日本語教育や国際交流に関心があっても、なかなか入ってこられないのです。

そして、コロナ禍で多くの日本語教室が止まってしまったということもありました。特に心配なのは子どもたちのことです。勉強の場を奪われてしまっている子たちは、これは日本人の子どもたちも同様ですけれども、学びがストップしてしまうということが、全国的に起こった。たとえば大学だと、

オンラインで勉強できる方法がいくらでもありますけれども、地域の日本語教室で、前述した通りボランティアは高齢の人たちが多いので、ICT がなかなか使えない。ボランティアの人たちが教える教室でもやはり学びが続けられるように、という努力が必要であると同時に、ボランティアの方たちの善意だけに頼るような日本語教育システムを、なんとか改善していかなければなりません。その 1 つの方法が、公立の夜間中学を、全国に多く開校することだと言えます。

【参考文献】

政府広報オンライン（2020）「さまざまな事情により、中学校で勉強することができなかった人へ 「夜間中学」を知っていますか？」https://www.gov-online.go.jp/useful/article/201601/1.html#gotoPageTop（2024 年 5 月 8 日最終確認）

文部科学省（2023）教育振興基本計画「次期教育振興基本計画について（答申）https://www.mext.go.jp/a_menu/keikaku/index.htm（2024 年 5 月 8 日最終確認）

第 7 章
どのように外国語を教えてきたのか 1

　外国語はどのように教えられ、学ばれてきたでしょうか。本章と次章とで、外国語として日本語を教える方法の、その歴史的な変遷のアウトラインを見ていきましょう。読者の多くは、これまでに英語などの外国語を学んだ経験があると思います。そのときの授業などを思い出しつつ、ご自分の体験にどのような背景があるのか確認してみましょう。多様な言語が今後はより一層身近にある社会で、その教え方・学び方の来歴を知ることは、誰もが受けてきた／受けるであろう言語教育のあり方を考える土台になります。ここではまず、「媒介語」を使うか否か、つまり外国語を学ぶ／教えるとき、学習者の理解のために別の言語を使うかどうか、という点から考えていきます。

【キーワード】外国語教授法、媒介語、文法訳読法、「死語」の学習、直接法、植民地時代、「実用」の外国語教育

1　媒介語の有無

　外国語としての日本語を、どうやって教え、学ぶのか。外国語教授法などという概念がない時代でも、他の民族、他の言語を話す人々と接触したとき、相手の言語、話していることばを学んだ人たちがいて、その人たちによって異なったグループの人たち同士の交流と理解が可能になったのでしょう。そうした「仲介」となった人たちは、どのように複数のことばを学んだのでしょうか。おそらく子どもの時から多言語環境で育ち、いくつもの言語を軽々と話す人たちだったのでしょう。そして、

木村（1989）も指摘する通り、そうした異言語／異文化のグループを「仲介」する人たちの役割の大きさは、忘れてはならないことだと思います。

　一方、印刷術が発達し人々が書物を手にするようになると、外国語を学ぶ主な目的は、外国語の本を読むこととなったのでした。どうしたら外国語の文字で書かれた書物をどんどん読み進め、その内容を理解できるのか。ここでは、人々がそう考えた時点から始めましょう。

　外国語の教え方については、これまでさまざまな方法が考えられてきました。いくつかの観点から外国語教授法について見ていきますが、まずは媒介語を積極的に使うのか使わないのか、そこから考えたいと思います。

　たとえば、英語を外国語として勉強する場合、日本語を使って教えてほしいかどうか、皆さんはどう思いますか。つまり、学習の目標言語は英語ですが、そこに日本語という媒介する言語をたくさん使って学ぶのかということです。また、わたしは1990年代の終わりにベトナムでベトナム語を勉強したとき、媒介語は英語でした。英語を使ってベトナム語を勉強したのです。たとえば、フランス語を学ぶとき、タンザニアのスワヒリ語を学ぶとき、韓国語を学ぶとき、媒介語があった方がいいのか、ない方がいいのか。あるいは、日本語話者が日本語を教えようとするときに、たとえば英語や韓国語を使って教えるのか。自分だったらどうだろうと、少し考えてみてください。

　では、まず、媒介語を積極的に使う教授法から考えていきましょう。

2　媒介語を使う外国語教授法：文法訳読法

　媒介語を積極的に使う教授法で代表的なのは、文法訳読法、あるいは文法翻訳法と呼ばれる方法です。英語では grammar translation method といいますが、これは18世紀から19世紀のヨーロッパの、エリート育成教育に用いた教授法です。この「エリート」って誰のこと？　とも思いますが、ここでは、知的に優れている、論理的に物事をすばやく考え、高い教養を持っている、そういう人をエリートと、一応考えてお

きましょう。ヨーロッパでは子どもたちをそういう人に育てるために、この文法訳読法という外国語教授法が使われました。この時代のエリート校では、必ずラテン語や古代ギリシャ語を勉強しなければなりませんでした。ラテン語は中世まではヨーロッパの共通言語で、実際に人々のコミュニケーションで使われていましたが、次第に日常では使われなくなり、現在は書物の中にしかない言語です[6]。古代ギリシャ語も同様です。「死語」と言っていいでしょう。古代ギリシャ語やラテン語は、文法体系が複雑で、文法規則もむずかしいです。それらをしっかり暗記します。そして辞書を使いながら古典を読んでいく。ホメロスの詩とかカエサルの『ガリア戦記』とか、とても古い書物を、辞書を使って読んでいく。つまり、暗号やパズルを解いていくような感じですね。ことばのルールを知って、そして辞書を使って暗号を解くように読んでいく。それは、子どもたちの頭脳のトレーニングとして、知的な訓練として、有効そうです。そして、ヨーロッパ文化の源流であるギリシャ・ローマの古典を読む。若い人たちの脳細胞がどんどん活性化するように訓練すると同時に、古典を読んで教養を高めていくというのが目的でした。イギリスのジョンソン元首相の、古代ギリシャ語による『イーリアス』の暗唱動画は有名ですね。

　つまり、今使われている言語ではないので、実用目的で勉強しているのではありません。文法訳読法は、もともとはもう使われていない言語の学習のためのもので、実用的なコミュニケーションのための言語教育を目指したものではなかったということです。実際の授業は、教科書を使って文法規則をきっちり学んで暗記します。そして辞書を使いながら、古典の名著をできるだけ正確に訳して内容を理解していく。やがてラテン語や古代ギリシャ語以外の現代語、生きている言語を教授するようになっても、ラテン語やギリシャ語を教えるときと同じ方法がそのまま使

6) 古代ローマで用いられたラテン語が実は現代でもいろいろな場面で生きていると主張する本『世界はラテン語でできている』(ラテン語さん著 2024 SB 新書) が出て、話題になっています。確かに、日本の小学生はみんなラテン文字(ローマ字)を勉強し、わたしも今、ローマ字入力で本書を執筆しています。それどころか、ラテン語で会話する人たちもいるとのこと。「死語」ではない、という主張もありそうです。

われたのでした。

　文法訳読法の特徴をまとめてみましょう。

　授業中には、外国語、つまり目標言語よりも媒介語使用の方が多いです。文法の説明とそれを使った翻訳が、授業の中心です。ですので、文法教育は徹底していると言えます。どうでしょう。皆さんはこういう勉強をしたことがありませんか。わたしの場合、中学や高校の時の英語の授業は、こんなふうにやってたかなと思います。文法事項をノートにまとめて、新出語彙もノートに書きだして、そして教科書の本文をノートに写し、そこに日本語訳をつけていき、できあがった自分のノートを見て満足するという、そんなことをしていたような気がします。

　話したり聞いたりは必要なく、その外国語文献、たとえば科学技術に関する文献読解だけが必要な学習者がいたら、この方法は効果があるでしょう。実際にイギリスの大学で、こうした読解力のみを目標とした日本語のコースデザインの好例の報告もあります（田中 1988）。

　けれども、実際に日本語で他者とやりとりしたい多くの日本語学習者の場合、この教授法は問題点が多いです。なぜなら現在使っていない言語で書かれた書物から知識を学ぶことがもともとの目的だったわけだから、まず会話力がつかないですね。会話力は、書物の中だけの言語には必要ありません。

　それから、速読力も習得できません。速読力は、本を読んだり新聞を読んだりするときに、自分が必要なところだけ、パパッと読む力です。新聞で自分が大好きなスポーツ選手や芸人さんについての記事を見たいとき、新聞をパッと見ただけで、その文字が目に飛び込んでくるということがありますね。あるいは、奨学金について詳しく知りたい、奨学金のことはどこに書いてあるんだろうというのを、たくさんの文字のなかからパッと見つけて必要なことだけを理解していく。それが速読力です。わたしたちは日常生活の中で自分の得意な言語で新聞や Web 記事などを読むときも、最初から最後まで精読、きっちり全部の文字を読むことはほとんどしません。必要な情報だけを読み取っていく。これが速読の力です。必要な情報だけポンポンポンと見ていくのをスキャニング、全

体の要旨をざっとつかむのをスキミングと言います。そうした速読の力も、文法訳読法では養成することができません。

それから、媒介語や母語に頼りすぎて外国語が上達しないという問題点があります。また、「今、何時」とか「なんか腹減っちゃったなー」とか「じゃ、ロイホ行く？」とか、こういう日常的なやりとりは、知的な訓練や教養にはほぼ関係ありません。ですので、こうしたやりとりの力の養成は当然できません。

そして何よりも、この方法の弱点としては、外国語習得のだいご味である「自分の言いたいこと、伝えたいことを、相手になんとかわかってもらいたい」という、学習者の生き生きした思いや願いの実現が、できないことです。山本（2013）の指摘通り、学習者が伝えたいことを持たないまま、一方的に知識を与えられてしまうのです。「話したいことを話す」のと、「課題として与えられたことを話す」のとでは、学習者の意欲とそれに伴う運用力の上達度が大きく変わってくるでしょう。

なぜ日本人は英語で話ができないか、教育が悪いんだ、のように長く言われてきましたが、今見てきた通り、この文法訳読法だけだとやはりうまくいきません。実用的な現代語を使えるようにするために、この教授法では運用力を養成できません。もともとの目的が違うのですから、当然です。けれども、今もこの文法訳読法は使われる場面があります。皆さんも、自分が勉強してきた中で、もしかしてオレ、これやってたかもと思うかもしれないですね。もちろん近年はさまざまな方法論を先生たちは勉強して実践してきているので、これだけではありません。しかし、やはり使われ続けている。なぜかというと、文法訳読法には強みがあるからです。

何が強みか。まず学校教育に便利なのです。教科書があって、黒板があって、教室があって、机と椅子があって、そして、先生が前に立っていれば学習者が何人いてもできるのです。先生がマイクを使って説明すれば、学生たちが200人いてもできます。学校経営にとっては、すごく経済的で便利だということが言えますね。

それから、多くの場合、母語あるいは知っていることばを使うので、

安心感がある。これは学生にとっても安心ですけれども、実は教師にとっても安心なのです。英語の授業で、今、流れとして「オールイングリッシュ」などと文科省も言っていて、英語の授業は英語だけで行う方がいいと言われますが、文法訳読法の場合には、日本語を十分使える（ほぼ日本語だけでできる？）ので、学生も教師も安心感があるという強みがあります。

　また、文法の知識は確実につくという点です。文法訳読、文法教育が授業の中心なのだから当然です。「外国語を勉強するならまず文法」という信念を持っている人たちの意見も強く、外国語を学ぶなら文法は当然できなければならないという思いが、わたしたちの中にあるかもしれません。

　さらに、知的な訓練としての役割があります。論理的に物事をすばやく考えられる人を育成したいという目的がもともとあったので、パズルを組み立てたり暗号を解いていくような能力開発には優れています。だから若い人たちに、実際には英語なんか使わないかもしれないけれど、知的な訓練、頭脳のひだを多くするためのトレーニングになるんだからやりなさいというような感じでしょうか。英語は「第二の数学」などとも呼ばれ、日本でも受験科目として重要な科目になっています。外国語は別に喋れなくていい、実際に英語を使うためというより、試験科目として都合がいいし、知的な訓練になる。これも文法訳読法の強みだと言えるでしょう。

　というわけで、文法訳読法は今も使われています。教師は、皆が皆そうではないけれども、自分がかつて教えられたように教えがちだという、ちょっと残念な面があります。わたしはそれを自分で自分に言い諭していますが、気づくと落とし穴に落ちていることがあります。自分が知っている、自分が教えられた方法で、どうしても教えてしまう。昔わたしはこうやって教えられてなんとかしてきたから、同じように教えるよという思考の流れ、教師の無意識の信念には、ちょっと注意が必要です。

3 媒介語を使わない外国語教授法：直接法

　このような文法訳読法、媒介語を積極的に使う教授法に対する批判は、19世紀に大きくなり、新しい教授法が出てきます。媒介語を使わない教授法です。媒介語を使わず目標の外国語を直接教える方法はいくつもありますが、ここでは「文法訳読法」と対比させる意味で、媒介語を使わない教授法の総称として「直接法」と呼ぶこととします。

　直接法、ダイレクトメソッドといいますが、たとえば英語を英語で直接教えるという方法です。目標言語と使用言語が同じというのは、音声と意味を直接結びつけることです。音と意味を直接結びつける。つまり、机は desk です、ではなくて、たとえば机を指さして "This is a desk." と、実物を示したり写真を見せたりして、意味と音をそのまま結びつけるという方法です。そして、文法訳読法は文字が中心だったけれども、直接法は、文字よりも音声、文字言語よりも音声言語を優先するという特徴があります。ですので、授業での練習も、たくさん聞く、たくさん話す、こちらを重視します。そして、文法訳読法がもともとは書物の中の死語を勉強するためのものだったのに対して、直接法は、実用的な日常会話を習得するという目的から作られました。

　直接法は、どのように生まれたか。前述した通り、文法訳読法への批判として、19世紀の後半に考案されました。この時期、文法訳読法の非効率性、非実用性を批判し、音声学や心理学などに基づいた、言語教育の改革を行おうとする人たちが多く現れました。効率的で実用的な言語教育が求められたわけです。19世紀後半というのは、日本で考えるとだいたい明治維新ぐらいですね。明治維新が1867年。この19世紀後半は、世界全体を見てみると、ボーダーレス化、国境はあるけれども、世界の人々がどんどん移動する、その始動期と言えます。何のために動いたかというと、列強と呼ばれる国々が植民地を得るためです。産業革命を経たイギリス・フランス・アメリカというような、強国による植民地獲得競争の時代でした。

　日本に黒船が来たのが1858年。このときに日本人は、何だアレは、あんなに大きい船をどうやって動かしてるんだって、みんなびっくりし

たのでした。こうした技術を持つ列強の国々が、この時代にアフリカの国々も、またフィリピン・インド・マレーシア・インドネシア・ベトナムそして中国という国々を、どんどん植民地にしてしまいました。アジアを見るとインドはイギリスの植民地に、ベトナム・ラオス・カンボジアなどはフランスの、インドネシアはオランダの植民地になってしまいますが、その植民地の人たちに、英語やフランス語を教えたいわけです。それは別に、高い教養を求めるわけではなくて、たとえば工場で働いてほしい、自分の家で食事を作ったりお掃除をしてほしい、そして軍隊に入ってイギリスやフランスのために戦ってほしいという、つまり実用的英語、実用のフランス語を植民地の人たちに効率的に教える必要性がありました。

　フランスはベトナムを植民地にしますけれども、当時の多くのフランス人はベトナムに行ってもベトナム語を勉強しません。勉強する必要性を感じない。でもベトナムの人たちにはフランス語を話してもらわないと困るので、フランス語を教えたい。そのときに文法訳読法では役に立たないのです。つまりベトナム語を使ってフランス語を教えることは、多くのフランス人はベトナム語を話せないわけだから、できません。ですので、ここで日常的なフランス語を現地の人たちに教える必要性が出てきたところで、学習者の母語や媒介語を使わない教授法、直接法という手法が考案されたのです。エリート育成方法として使われてきた文法訳読法は役に立たないから、新しい教授法の必要性があった。

　これは、子どもが母語を覚えていくのと同じという考え方です。わたしたちは子どもの時から知らないうちに家族や周りの人たちが使っていることばを覚えていきます。それと同じように、「自然」な方法で教えることができるという理論ですね。列強による植民地支配は、直接法が生まれた、社会的背景の1つだと言えます。

　戦前戦中の日本語教育に大きな役割を果たした山口喜一郎も、直接法による外国語教授を提唱したF・グアンによるグアン・メソッドに強く影響を受けました。そのグアン・メソッドは、日本で紹介されると、英語教育界においては「グアン法は愚案法だ」（高橋1903）などと揶揄さ

れますが、当時の日本語教育においては、山口らによって台湾や朝鮮半島で盛んに実践されました。グアンは、自分がギリシャ語やラテン語を学んだように、ドイツ語を学ぼうとしましたが、必死に暗記して翻訳しても、ドイツ語を聞くことも話すこともできなかったという体験から、「言語ノ機関ハ眼ニアラズシテ耳ナリ」（グアン1900）として、音声学習の重要性を説いたのでした。

　直接法の具体的な授業は、レアリアと呼ばれますが、実物、絵、写真、または教師の動作などをたくさん使います。たとえば、「卵とミルクと砂糖でアイスクリームを作ります」と教えたいときには、卵やミルクやお砂糖の写真を使ったり、ときには実物を教室に持ち込んで、実際にアイスクリーム作ってみる。自分の髪を指しながら「わたしの髪は長いです」、髪の短い学習者の髪に触れながら「あなたの髪は短いです」のように、実際を見せながら教えていく。これは現在の日本語教育の、主たる教授法の1つと言えます。

　直接法のいい点はたくさんあります。まず、目標言語と媒介語のズレが生じにくいこと。たとえば、よく言われるのは、水がwater、お湯は英語でhot waterですけれども、英語を媒介語として日本語を学習した場合、「お湯をください」ではなく、「熱い水をください」と言ってしまう。それは目標言語と媒介語のズレからくる誤用ですが、直接法だとそういうズレが生じにくい。これはお水、熱いのはお湯と伝えられるので、ズレが生じにくいという長所があります。

　それから、目標言語、たとえば英語を英語で教えてもらうわけだから、ずっと英語を聞いていて、目標言語に接している時間が長い。たくさん聞いている。赤ちゃんも、最初は両親はじめ周りの人たちが自分に働きかけることばを聞いているだけですが、あるとき、自ら話しだします。外国語学習も同様の面があり、自分たちに語りかけられる目標言語をたくさん聞く、耳が慣れていくというのは、習得を進めます。「体で覚えていく」というふうに言ってもいいかもしれません。

　かつ、能動的、主体的理解がしやすい。文法訳読法の場合だと、先生がひたすらベラベラ喋って説明しがちです。学習者が50人のクラスで、

先生が教壇にいて、教科書を読みながら、先生が一方的に説明するというのは、学生にとっては受け身、受動的な学習になりやすい形式です。先生が一方的に講義するような受動的な学習だけでは、習得は十分に進みません。けれども、直接法の場合、実物を見たり写真を見たり映像を見たり、あるいはアイスクリームを実際に作っているところを見たりしながら教えてもらうのは、一方的な説明よりもずっと記憶に定着しやすい。これは、直接法の長所と言えます。

　けれども一方で、短所、問題もあります。

　まず1つが、説明が不正確になりやすいこと、母語や理解可能な言語で説明されない限り、理解が非常にむずかしい場合があることです。たとえば、日本語学習の初期に出てくる、「この」「あの」「その」など、指示語ですが、ちょっとこの図を見てみてください。

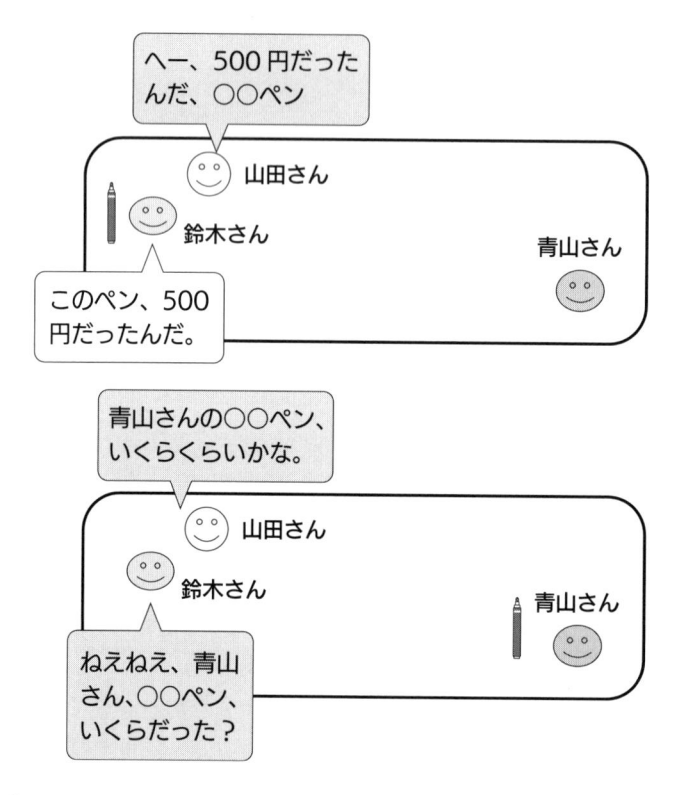

上の図では、鈴木さんがペンを持っていて、鈴木さんは自分のペンについて「このペン、500 円だったんだ」と言っています。で、山田さんが隣に座っていて、山田さんは「へー、500 円だったんだ、〇〇ペン」。ここの〇〇のところには何が入るでしょうね。また、下の図の場合、青山さんがペンを持っていて、鈴木さんと山田さんが、「青山さんが持っているペン、いいペンだけど欲しいね、いくらだろうね」というようなことを 2 人で話している。青山さんと 2 人とは、3 メートルぐらい離れていることにしましょうか。青山さんに話しかけるのではなくて、鈴木さんと山田さんが 2 人で話しているとき、「青山さんの〇〇ペン、いくらくらいかな」と言いたいとき、何が入るでしょうね。「じゃあ聞いてみよう」ってことになって、鈴木さんが青山さんに聞いてみる。鈴木さんは 3 メートル離れている青山さんに聞きます。「ねえねえ、青山さん、〇〇ペンいくらだった？」。距離は同じですよね。これ、直接法だけで教えようとするとき、よく考えてみてください。日本語だけで、まったく日本語ができない人に教えるのは、結構むずかしいです。

　そして、準備に時間と労力がかかる。たとえば、自動詞、他動詞というのが日本語にありますが、「ペンが落ちる」と「ペンを落とす」、「電気がつく」と「電気をつける」、それぞれ助詞「が」に続くのが自動詞、助詞「を」に続くのが他動詞です。ネイティブは、無意識に使い分けができますが、外国語として勉強する人たちにとってはとてもむずかしい点の 1 つです。わたしの元同僚の先生は、自動詞と他動詞はどうやって教えようかと一生懸命考えて工夫して、ぽこぽこ動くロボットを、おもちゃ屋さんに買いに行きました。机の上のそのロボットがぽこぽこ歩いていって、ついに机から「落ちる」。自ら動いて「落ちる」、これが自動詞です、というふうに教えていました。う〜ん、知恵を絞って工夫するのも、おもちゃのロボットを手に入れるのも、大変ですね。教員にとってこんなふうに準備に時間と労力がかかることが、問題点として言えます。学習者たちの「あ〜！やっとわかった！」という表情を見るのはうれしいことですが、でも、それで彼らが本当に「自分の言いたいこと」を日本語で言うための助けになるのかどうか、労力と時間に見合っ

た、いわば費用対効果があるのかどうかは、わかりません。

　それから直接法は目標言語しか使わないので、やはり学習者が不安になるという点もあります。わたしは 1980 年代にオーストラリアで英語を勉強した時に、ジョアンナというとてもいい先生（彼女の授業はいつも「あなたの伝えたいことは何？」という問いと、それに伴う心地よい緊張感に満ちていました）に教えてもらいましたが、彼女は決して日本語は使ってはだめ、そして辞書もイギリス人やオーストラリア人が使う、英英辞書だけ使いなさいという、ごりごり直接法の先生でした。それはそれで意味はあるし、ジョアンナとしてみたら「せっかくオーストラリアに来たんだから」という十分な親心（！）はあったと思うのですけれども、実際のところ、クラスや同級生の様子などから、場面によっては直接法だけではうまくいかないと感じることがありました。たとえば、初級レベルの日本語のクラスで「経済」とか「自由」とか、こんなことばが出てきたら、日本語だけで説明するのは相当むずかしいし、時間がかかりそうです。しかし、漢字圏の人には漢字を書けばわかるわけだし、あるいは英語などの媒介語を使ってしまえば、それでああそうかとわかる。そんなにガチガチに媒介語なしで、というのは今となっては少し頑固アタマすぎるかもしれません。

　そして、もう 1 つの問題は、教える側が学習者の言語を知る努力は、やはり必要だということです。植民地時代にベトナム語を学ぶフランス人は多くなかったと述べましたが、学習者の言語を知らないというのは、教師の怠惰とも指摘される場合があります。学習者が使える言語の文法や発音方法や語彙などを教師が知らないより知っている方が、学習者にとっては安心できる、わかりやすい授業になるでしょう。ですので、媒介語や母語をできるだけ使わないという直接法はいいのですけれども、多くの場面で柔軟に使っていく必要があるというのが、現在の流れです。

【参考文献】
木村宗男（1989）『教師用日本語教育ハンドブック 7 教授法入門』国際交流基

金
グアン，フランソワ（1900）橋本武訳『ゴアン氏言語教授方案』『台湾総督府日本語教材集 第二巻』（2012）冬至書房
高橋五郎（1903）『最新英語教習法、一名外国語新記憶法』東文館
田中望（1988）『日本語教育の方法』大修館書店
山本忠行（2013）「日本語直接教授法再考―創造的日本語教育をめざして」創価大学『通信教育部論集』16 号 pp.69-89

読書案内

『学校と社会』デューイ（2005）宮原誠一訳　岩波文庫

　100 年以上前に書かれたものですが、ことばの教授法を考えるうえで、いまだ「新しい」理論が展開されていると言えます。教師が一方的に多量の情報を子どもに与える授業では、社会活動で必要な他者との「共同」ではなく、ただ「競争」だけが起こり子どもを孤立させてしまう。言語は本質的に社会的なものであり、自分の経験を伝え、他者の経験を受け取るためのものなのに、その本質から離れて言語を教えることの「馬鹿さ加減を考えてみよ」とデューイは言います。子どもたちの保護者への講演が元となったもので、わかりやすく「何が大切か」をシンプルに伝えています。

『外国語学習の科学―第二言語習得論とは何か』白井恭弘（2008）岩波新書

　外国語学習／教育について、学習者の立場から、そして教師としての観点から、第二言語習得論の教科書としても意図された平易な筆致で解説されています。第二言語習得に関する母語の役割、臨界期の問題、適性と動機付けの要因、効果的な学習法・教授法の問題など幅広く考察されています。本章で扱った文法訳読法については、無駄ではないものの「プールサイドでバタフライとか、平泳ぎとか形ばかり練習してプールに入らないようなもの」と言っています。第二言語習得のメカニズムについてはまだわかっていないことが多いですが、それでも、スポーツ科学がトレーニング効果の向上や健康増進に役立っているように、外国語教育／学習も先人の知恵に学ぶべきだというのが著者の立場です。

① 中学校や高校の時の英語（または他言語）の授業を思い出してください。おもしろかったな、好きだったな、役に立ったなと思う授業はどんな授業でしたか。おもしろかった、好きだった、役に立ったと思う、その理由をことばにしてみてください。また、その反対に、おもしろくなかった、好きじゃなかった、役に立たなかったと思う授業はありましたか。それらの体験を仲間に話し、仲間の経験も聞いてみてください。

② 伊沢修二（1851-1917）はジョン万次郎に英語を学び、東京師範学校（現筑波大学）、東京音楽学校（現東京芸術大学音楽学部）、東京盲啞学校（現筑波大学附属視覚特別支援学校）などで校長を務め功績を残した教育者です。彼は日本が台湾を領有した 1885 年から 2 年あまり、台湾の小学校で日本語教育も行います。その学校で教えていた 6 人の日本人日本語教師が反日蜂起した台湾人に殺されるという芝山巌事件が起こります。この芝山巌事件の背景について、図書館や Web 上で調べてみましょう。

第8章
どのように外国語を教えてきたのか 2

前章に続き本章でも、外国語教授法の変遷の概略を見ていきます。時代が下った 20 世紀以降のアカデミックなバックグラウンドを持つ教授法の大きな流れを述べていきます。前章でも見た通り、外国語教授法もその時々の「時代の子」であり、社会の要請に従って誕生してきました。戦争、冷戦の中で作られ用いられたオーディオリンガル法、それを批判して生まれたコミュニカティブ・アプローチの内容を見てみましょう。さらに、そのコミュニカティブ・アプローチに対する批判とは、何でしょうか。

【キーワード】オーディオリンガル法、アーミーメソッド、ASTP、コミュニカティブ・アプローチ、言語教育のパラダイムシフト

1　反復練習で「正しさ」を身につける：オーディオリンガル法

　20 世紀の初頭、アメリカでは構造主義言語学が生まれ発達していきました。アメリカの先住民、ネイティブアメリカンの言語、文字を使わない音声だけの言語を記述し保存しようとする研究が背景にあります。ネイティブアメリカンの言語は、ヨーロッパの言語とは異なる特徴を持っていて、それを分析し保存していくためには、その言語の文法構造や音声、単語の形態などの言語の構造、体系、原則を知る必要がありました。そのような背景を持つ構造主義言語学ですので、ことばの中心は「構造」だと考えます。つまり、文法や発音、単語の形態ということばの規則、ことばの仕組みが言語の中心だという考え方です。こうした言

語の構造、ルールは、言語の体系的な分析に役立ちます。これが1930年代に、消滅の危機にある先住民族の言語を保存するために生まれ発達してきた、アメリカの構造主義言語学という学問分野です。

　それと同時期に、行動主義心理学と呼ばれる学問も提唱されました。それまでの、自分の精神状態を自分で観察しようとする内観法による心理学を批判し、人間の心理は目に見える「行動」に現れるから、人間の行動を観察することで人間心理を把握しようという学問です。特にスキナーのオペラント条件付けと呼ばれる学習理論、どのような方法が人間の学習を引き起こすのかを説明した理論は有名です。行動主義心理学では、人間の学習は、外部からの刺激があって、それに反応する、それが繰り返されることによって学習が起こる、と考えます。たとえば、ネズミも犬も学習します。箱の中にネズミを入れて、ライトが点滅したときレバーに触ると餌が出てくる仕掛けがあり、最初はたまたまレバーを押したネズミはおいしいものが食べられた。ネズミは「あ、明るくなった時（刺激）レバーに触る（反応）とおいしいものが出てくるんだ」と何度か繰り返すこと（強化）で学び、ついに迷わずレバーを押すようになります。犬も、こちらにいくとビリビリ電気ショックのいやな体験をするのだ（刺激）とわかると、それを回避する（反応）ことを学びます。つまり、ネズミも犬も、刺激と反応が何回も繰り返されることによって、学習する。人間もネズミや犬と同じで、外部からの刺激とそれに対する自身の反応が繰り返されることによって、学習が起こってくるという理論です。

　この行動主義心理学の学習理論と構造主義言語学に基づく教授法が、オーディオリンガル法です。オーディオ、音を聞いて、そしてリンガル、ことばにするという方法で、音声言語を重視し、文の型（パターン）の反復練習で外国語を「体得」させようとします。学習というのは、刺激と反応の繰り返し、そのパターンを強化することによって起こると考えるので、パターンプラクティス、文型練習（わたしたち言語教師は「パタプラ」と呼びます）を何度もやる。その言語行動の習慣化が、学習の中心、授業の中心になります。先生が主導して、反復練習をやる。たとえ

ば、ここに本があります、ここに消しゴムがあります、ここに帽子があります、ここに靴があります、と何度も何度も学習者に言わせていく。そして、反射的に文型が口に出てくるように訓練します。わたしは、子どものころ英語を初めて勉強したとき、What day of the week is it today? 今日は何曜日ですかという文を何度も何度も言わされて、小学生でしたが、やはりそのまま口に出てくるようになりました。What a beautiful day today! もそうでしたね。なんていい天気でしょう！って、何度も言うと、何も考えないで口に出てくる。また、ベトナム語を勉強したときに、先生が教室中のものを、「これはベトナム語で何と言いますか」と自分（ベトナム語の先生）に聞きなさいと言いました。それで何度も何度も言うんですね。Cái này tiếng việt goi là gì? ベトナム語で何と言いますか、という意味ですが、学校中を歩きながらみんなで言っていく。何度も何度もやる。それで、反射的に文型が口について出てくるようにするわけです。だから、考えません。つまり、運動神経の問題です。車の運転と同じ。免許取り立てのときは、あっ右に曲がる、こっちだなー、ここはアクセル、こっちはブレーキ、のように、危なっかしいけれどいちいち考えながらやりますね。でも、慣れてくると、もう考えない。反射神経。アクセルとブレーキ、右がどっちで左がどっちだと、間違えたら大変だけれども、体が覚えているのです。高速道路で前の車が近づいてきたらこれだというようなことは、これは考えずに、体でやっています。頭から指令など出してないような感じ、体が勝手にやっているような感じです。

　行動主義心理学をバックグラウンドに持つオーディオリンガル法は、ことばの学習と習得も、車の運転と同様に運動神経の問題だと考えます。

2　アーミーメソッド

　オーディオリンガル法は、もともとアーミーメソッドとして開発されました。第二次世界大戦中、アメリカ軍の軍人たちに、短期間で効果的に外国語を習得させようとするものです。1942 年以降、Army Specialized Training Program（ASTP と呼びます）が行われます。アメリカ陸

軍特別教育プログラムです。アメリカ軍人がオーディオリンガル方式で外国語を学ぶトレーニングを受けて、とても成果がありました。

　日本語の場合、授業は、1時間目がアメリカ人の日本語研究者など言語の専門家が文法や音声の説明、それから英語との比較などを、英語で解説します。2時間目と3時間目は続けて日本語のネイティブ、当時、捕虜収容所に入っていた日系人を連れてきて、教師としてではなくインフォーマント（資料提供者）として、日本語を話させる。そしてそれを学習者は真似する。反復練習をして、暗記をしていく。これは、高見澤（2006）によれば、アメリカの文化人類学者がネイティブアメリカンの言語を学ぶときに採用した方法を参考にしたのではないか、とのことです。そして、この時間は英語絶対禁止です。ミムメム法とも言いますが、mimicry-memorization、真似して真似して暗記するという、そういう方法です。それでどんどん上手になっていった。日本語に関して言えば、たとえば、ドナルド・キーンさん。2019年に東京で亡くなりましたが、2011年の東日本大震災の後、日本国籍を取った日本学の著名な研究者です。また、サイデンステッカーさんという、『源氏物語』を翻訳したり、日本初のノーベル文学賞をとった川端康成を世界に紹介した日本学者も、軍隊でトレーニングを受けて日本語が上手になりました。こういう人たちを輩出したのは、このASTPです。宿舎や食堂でも、英語は使わない。そして授業以外でも自分でガンガン勉強する。この当時、テープレコーダーが発明され、それを学習者は使って何度も聴いて覚えていきました。

　このASTP、アーミーメソッドの、集中的な口頭練習中心の外国語教育が、アメリカ政府から強く支援されました。つまり、潤沢にお金があったわけです。だから発明されたばかりのテープレコーダーもどんどん使って勉強できました。

　戦争が終わり1950年代には、アーミーメソッドはオーディオリンガルメソッドと呼ばれるようになりますが、アメリカ政府からの手厚い支援が続きます。アメリカ政府はどうしてそんなに外国語教育、このASTPをもととしたオーディオリンガルの外国語教育に、大きな支援を

したのか。いくつか理由があります。

　1つは、留学生が増えたことです。戦後の西側ではアメリカが一人勝ちでしたから、留学イコールアメリカ留学というような状況で、多くの若者が世界中からアメリカに行きました。ですので、アメリカに来た留学生たちに英語を教える必要がありました。

　もう1つの理由は、アメリカとソ連の科学技術の競争です。1950 年代の終わり、スプートニク・ショックと言って、この冷戦期のスーパーパワー、アメリカとソ連が、宇宙開発でも競争していました。そうしたところ、スプートニクという人工衛星を、ソ連がアメリカより先に打ち上げた。1957 年のことですが、これでアメリカ政府もアメリカの人たちもみんなショックを受けたのです。ソ連に先を越されちゃったという感じです。そこで、国家防衛教育法という、名前が怖いですが、法律ができました。アメリカ人の「外国語軽視」はずっと指摘されていて（高野 2003 など）、世界中で英語が通じるからと、アメリカではあまり外国語を勉強しなくても済むと考えがちです。だけどそれではだめだ、アメリカ人の若者にもっと外国語を勉強させていろいろな情報収集をしてもらわなければならない、そして宇宙開発も含めて理系の学問もどんどん勉強させるという国家防衛教育法ができたのです。それで、外国語教育をもっとやらせましょうという流れの中で、教材開発や教員養成など、教育現場では豊かにお金を使えるという状況でした。

　そのことも含めて、ASTP が大成功したから、世界中でオーディオリンガル方式で外国語教育をしよう、という流れになっていきます。日本は特にアメリカの影響を強く受けて、ま、外国語教育に限らずですが、英語教育をはじめとして日本語教育を含む日本での外国語教育に、オーディオリンガル法を取り入れていきます。では、どうしてこの ASTP がそんなにうまくいったのでしょう。

3　ASTP の成功の理由、そして短所

　オーディオリンガル法の前身である ASTP、アメリカ軍での外国語教育がどうして成功したのか。いくつか理由がありますが、1つは、とて

も勉強のよくできる人たち、つまり IQ を測り合格ライン以上の人たち、それまでもいろいろなことを勉強してきて、そして勉強の成功体験を持っている人たちを、念入りに選抜しました。そういう人たちしか勉強させなかった。それが 1 つ目の理由です。

それから 2 つ目が、母語話者の採用。日本語に関しては当時の収容所にいた日系人の人たち、ネイティブスピーカーをインフォーマント（情報提供者）として採用したというのも、このプログラムが成功した理由だと言えます。

3 つ目は、学習者の意欲が高い。なぜかと言うと、お給料が上がるのです。外国語を学び成績がよければ、収入が増える。これは、学習のモチベーションとしてとても有効ですね。外国語が使えるようになったら収入が増えるというのは、高い動機、学習意欲を維持する要因となります。

4 つ目は、命がけの勉強だったということです。週末にテストがあって、もしそのテストが悪いと、じゃあ、あなたはもういいよ、おつかれさまと、もう勉強させない。じゃさよなら、と。軍人だから、前線に行かされるのです。つまり、命がけなんですね。それで、本当にものすごく厳しかったようで、心身症になってしまう人もいるぐらいに大変だったと言います（縫部 2001）。

5 つ目はやはり、集中的に勉強する、ひたすら外国語学習だけに集中する。それも成功の大きな理由です。

最後が、すでに述べましたが、すごく豊かな教育予算があったということです。10 人程度の少人数クラスで学ぶことができ、ランゲージラボラトリーでの新発明のテープレコーダーなどの使用も、お金があるからこそできたわけですね。

こういう理由があって、ASTP はとてもうまくいきました。ドナルド・キーンさんやサイデンステッカーさんなどの著名な研究者も輩出できるような方法でした。でも、こうした条件というのは、いつもどこでも揃っているわけでは、当然ありません。

ASTP が成功した理由は、反転させると、この教授法の短所にもなる

わけです。つまり、これ、うまくいかないんですよ、今は。まず、こんなに潤沢なお金を使えない。こんなに恵まれた環境はなかなか作ることができません。

　それから、命がけで外国語習得って、できますか？　少なくともわたしはやったことがありません。命がけでやるというのは、そうではない場合とやはり大きく違うと思います。命がけで外国語を学習する機会は、あまり多くないのではないでしょうか。

　そして、パターンプラクティス。パタプラ、文型練習。ここに本があります、ここに消しゴムがあります、ここに靴があります。これを、何度も何度もやる。お給料が上がるならやるかもしれない。これやらないと死んじゃうなら我慢してがんばるかもしれないけれど、とてもおもしろいとは言えないトレーニングです。なんでこんなことやんなきゃいけないの、という感じ。これも難点ですね。

　もう1つは、今の学習者のニーズが多様化しているということです。たとえば、日本に来て運転免許だけ取れればいいという人は、別に、あいうえおから一生懸命勉強する必要はない。運転免許を取るための学習で十分だという人がいるはずです（しかも今は、自治体によって多少違いますが、外国語でも学科試験を受けられるようになっています）。子どもの先生と話せればいい、友だちと話せればそれだけでいいという人もいるかもしれないし、工場で働こうとする人、論文をどうしても書かなければいけない人、弁護士活動を日本語でやりたい人、それぞれの人でニーズが違うのですね。だから、みんなにこのオーディオリンガルの方法がいいかというと、そうはいきません。

　というわけで、オーディオリンガル法についても、今見てきたような問題点があります。ですので、オーディオリンガルを批判する形で、別の方法が誕生します。

4　「正しさ」より「流暢さ」「ふさわしさ」：コミュニカティブ・アプローチ

　文法や音声の「正しさ」を重視した構造主義言語学と、反復練習に

よって人間の学習が起こると考える行動主義心理学を背景に持つオーディオリンガル法に対する批判として誕生したのは、コミュニカティブ・アプローチです。メソッド（教授法）ではなく、アプローチと呼ばれるのは、それが実際の教室での具体的な指導方法というより、1960〜70年代に生まれた「外国語教育の民主化」（青木1991）のための言語教育観、言語教育の思想全体を指すからです。文法や発音などの言語の体系、言語の構造よりも、むしろ、人々による実際のコミュニケーションを重視するべきだという考えです。

　背景には多くの学問がありますが、その中心の1つは社会言語学です。わたしたちは日常生活の場面によって使うことばを選択しています。ここでは敬語を使おう、ここでは方言がいい、ここは若者ことばを、というように。社会言語学は、どういう場面で、どういうことばが使われるのか、それはなぜなのかということを研究します。それぞれの場面に合ったことばの選択は、地域によって、性別によって、年齢によって、社会的な立場によって違います。先ほど見た構造主義言語学が文法や音声の正しさを重要視したのに対して、社会言語学は、「正しさ」よりも「ふさわしさ」、この場でどういうことばを使うのがふさわしいと人々は考えているのかを研究します。

　また、認知心理学も部分的にコミュニカティブ・アプローチを支えています。行動主義心理学を批判する認知心理学は、人間の「知る」「わかる」、そして「考える」という状態、これはどういう心の動きなんだろうかということを研究します。アンチ行動主義心理学として、人間の学習は、反復練習だけではないと考えます。人間は、空っぽの頭の中にどんどん知識が入っていくのではなく、もともと持っている知識を使って、新しい知識を習得していくと考えます。だから、行動主義の学習理論の考え方とは異なります。たとえば、若い時は簡単に覚えられたのに、年を取るとなかなか覚えられないと、聞くことがあります。けれども、そうとも言えないという人もいるのです。若い時から記憶力がよくなくて暗記が苦手だったけれど、年を取って知識や経験が蓄積して、自分が持っているその知識や経験に引っかけて、あーそういうことかなるほど

なるほど、というふうに理解すると同時に記憶として定着する、ということがある。そういうことが、若い時よりもできると感じる人もいます。いずれにせよ、反復訓練だけが学習の方法ではない、マウスと同じじゃないよ人間は、と考えるのが、行動主義心理学を批判する認知心理学です。

　それ以外にも、やはり行動主義心理学を批判し、感情も行動も人格も含め全体としての人間を肯定的に捉えようとする人間性心理学、社会的場面における個人の行動を考える社会心理学、さらには、戦後のヨーロッパにおいて「なぜ我々はファシズムの発生を許したか」という一貫した問いを持ち自分の過誤から学ぼうとする政治哲学としての懐疑主義なども、コミュニカティブ・アプローチの誕生には影響していると言われます（青木 1991）。

　このコミュニカティブ・アプローチからのオーディオリンガル批判の1つは、パターンプラクティス、パタプラが常に有効なのかという点です。退屈になってしまうし、実際に学習者に不評で有効な学習にならない場合がありました。やりたい人には、別に教師がやらなくてもテープレコーダーやコンピュータなど機械があればできるよということですね。

　そして、学習者の方も、勉強が得意なエリートだけではなく、また命がけで勉強する人だけでもなく、さまざまなニーズを持った多様なバックグラウンドを持つ人たちが外国語を勉強するようになりました。国境を越えて働こうとする場合など、言語学習に集中して取り組むことができない、いわば片手間の学習者が実際には多いです。そのような学習者に対して、オーディオリンガルは十分に有効ではありませんでした。

　さらに、文法や発音がいくら正確であったとしても、実際のコミュニケーション場面で適切な表現ができなければ、結局は自分が知りたいことや理解してもらいたいことが実現できない、つまりコミュニケーションが失敗してしまう可能性があるということです。たとえば、冷蔵庫が壊れたからすぐに来てほしいと近所の電気屋さんに伝えたいとき、「あなたの店で買った冷蔵庫が壊れました。家電修理の専門家には修理する責任があります。すぐに来てほしいです」と連絡した場合はどうでしょ

う。う〜ん、日本語は正しいのですぐに来てくれるかもしれませんが、そうではない可能性も高いように思います。わたしが電気屋さんなら、かなりムッとして後回しにするか、「新しいのを買ってください」と言ってしまうような気がします。

5　コミュニカティブ・アプローチの特徴

　コミュニカティブ・アプローチの具体的な特徴をあげてみましょう。コミュニカティブ・アプローチは、オーディオリンガルで重要視した言語体系や言語構造ではなく、機能、つまり、実際にはどういう場面でどう使われているのかを重視することです。そして、正確さよりも、流暢さ、スムーズな、なめらかなコミュニケーションを重視するというのが、コミュニカティブ・アプローチの考え方です。

　オーディオリンガルでは、今日は「〜てください」の練習、次は「〜てもいいですか」の練習、「〜てはいけません」の練習というように、シラバスは文型中心です。しかし、コミュニカティブ・アプローチの場合には、時間を聞いたり値段を知るときにはどう言うか、買い物に行ったときはどんなことばを使うか、レストランではどうか、あるいは何かお願いするとき、文句を言いたいとき、苦情を言うときはどんなふうに言えばいいか、そして、たとえば将来の希望について話してみよう、環境問題について資料を読みディスカッションしてみよう、というような内容を、それぞれ学んでいきます。教科書もそのように編集されています。

　それから、コミュニカティブ・アプローチという名前の通りにコミュニケーション能力を重視します。でも、「コミュニケーション能力」とはどういう能力なのか。定義はなかなかむずかしいですね。いろいろな意味があるけれども、1つは、まったく文法や発音が間違っていたら通じない、伝わらないので、このコミュニケーション能力の中には発音や文法、伝えるためのことばの体系の習得というのはもちろん入っています。また、ちょっと話に詰まったときの、わたしもよく使いますが、「えっと」とか、「あの〜」とか、これはフィラーと呼ばれます。英語だ

と "let me think ..." とか "well ...", "you know" などでしょうか。フィラーというのは英語で詰め物、ちょっと空いてるところに詰めておくという意味ですが、どの言語でもありますね。中国語だと「那个那个…」とか？ こういうフィラーの使い方、ちょっとことばに詰まっちゃったとき、少しだけ考えたいときの「戦略」なども、コミュニケーション能力のうちの1つと考えられます。

　そして、談話能力とも言われますが、たとえばお金を貸してほしいときの切り出し方なども入ります。いきなり「すみません 1000 円貸して」ではなく、その目的を達成するための談話。あの人をデートに誘いたいなというときに、いきなり「映画行きませんか」と言う場合もありますが、もうちょっと、「今日いい天気ですね～」とか「暇かな？」とか、そういう、談話の全体を作る能力、それも、コミュニケーション能力の一部と言えます。

　それから、たとえばお葬式でのふるまい、ふさわしい話題や服装や身振りも、コミュニケーション能力のなかに入りそうです。また、授業の最後に「皆さん何か質問ありますか」と先生が言ったときに、「先生はおいくつでいらっしゃいますか」と聞いてしまったり。その場での「ふさわしさ」を習得することも、1つのコミュニケーション能力と言えそうです。でも、コミュニカティブ・アプローチという言語教育の方法論について、そこまでやらなければいけないんですか、それは言語教師の仕事ですかと、そこに疑問を抱く人ももちろんいます。そこは議論があるところですね。

　コミュニケーション能力として最後にあげたいのは、むずかしいところですが、プッツンしない力。キレない力。議論が紛糾してしまいそうなときや相手の態度が攻撃的だと感じるとき、自分の感情を上手にコントロールする力です。コミュニケーションをするうえで、自分の感情をコントロールせざるをえない場面は確かにあります。しかし、やはり、ことばの教師はそこまでやらなければならないんですか、という意見もあります。皆さんはどう思いますか。

　そして、文化理解教育の重視という点も、コミュニカティブ・アプ

ローチの特徴としてあげられるでしょう。先ほどの、たとえばお葬式での ふるまい方とか、人との距離感のようなこともありますね。文化という か、自分たちの社会のやり方を学習者に押し付けることにならないよう に注意したいと、わたしたち言語教師は思っています。ただ、たとえ ば謝り方、お願いの仕方、お礼の言い方とか、その社会で特徴的なとこ ろは教えていかないと、学習者が周囲から誤解される行動をしてしまう 場合もあります。たとえば、初対面でキスしたりハグしたりするのがあ たりまえの社会もありますが、日本の社会では今のところ普通とは言え ないのではないでしょうか。ですので、学習者の不利益を避けるという 意味でも、そうした情報提供は必要な場合もありそうです。

　また、日本語の敬語についても「大好き」という外国人もいる一方で、 注意も必要です。留学生で「先生、わたしは敬語を勉強したくない、敬 語、必要ありません」と言う人がいました。いろいろ聞いてみると、敬 語は封建的で、敬語を使った瞬間に立場の上下関係がわかってしまう、 わたしはただ「です・ます」できちんと丁寧に話せればいいので、複雑 な敬語は不必要。「させていただけませんか」とか「おっしゃいます」 とかそういうのは要りませんという学生がいました。これは、むずかし いところですね。ただたとえば、トイレを借りたいときに、「トイレ使 いたいです」というよりも、「すみません、あのお手洗い貸していただ けますでしょうか」と言った方が、現状では確かに借りられる確率が高 くなるかなとは思うけれども、ちょっと考えなければいけないところで すね。むしろ「トイレ使いたいです」と言われて、ムッとしないような センスを、今後は日本人側が持とうよという意見もあるかもしれません。

　それから、学習者中心という考え方も、コミュニカティブ・アプロー チの特徴と言えます。オーディオリンガルはどちらかというと教師が主 導で、教師ががんがん進めていきます。けれどもコミュニカティブ・ア プローチは、学習者に合わせる、学習者がしたいと思うこと、学習者の ニーズ、この学習者がなぜ日本語を勉強したいのか、なぜ英語を勉強し たいのか、そのニーズをきちんと分析して、それに合った教え方をして いこうというのが、基本的な姿勢です。

他に特徴としては、生教材を多用することもあげられます。教科書は生教材ではありません。日本語であれば、日本人が読んでいる新聞や雑誌を読んだり、日本人が話している自然なスピードの話を聞き取るというようなことです。実際の生活の中でネイティブたちが使っているものをそのまま使う。初級でも、新聞の折り込み広告、写真と値段がついてるものなどを教師は持ってきて、「○○はいくらですか？」と練習する方法など、わたしたちはよく使います。

　そして、授業そのものをコミュニケーション活動にしようとします。たとえば、ロールプレイ。英語の授業でもやっていて経験があるかと思います。ロールは、役ですね、あなたはこういう役を演じてくださいと言って、学習者に演じてもらう。母の日のプレゼントを何にしようか迷っている人と、その相談を受けアドバイスする友人、この2人の役を学習者にやってもらうというような活動ですね。できるだけ学習者の日常に近いような場面を設定します。また、プロジェクトワークと呼ばれる活動をすることもあります。たとえば若者の恋愛観とか結婚観を知ろうというテーマをグループで考えて、そしてキャンパスの中でインタビューに行くとか、あるいは駅まで行って駅前でインタビューやアンケートしてみようと。そしてそれを集計してポスターを作ったりプレゼンツールを使ってみんなの前で発表する。最後にレポートを書く、という一連のプロジェクトをグループでやっていきます。それは読む・書く・聞く・話すの4技能、全部を使う活動だけれども、そうしたコミュニケーション活動を取り入れていこうというのが、コミュニカティブ・アプローチの方法論です。ただ、最近はGoogleフォームやLINEのグループなどを使い、一気にデータ収集してしまう学生たちも多いです。

　コミュニカティブ・アプローチが生まれた背景に、それまでの言語教育の権威主義的な構造に対する批判がありました。一方で、変革は急激で全面的であるよりも、自らも過ちを犯すことを自覚した懐疑主義に基づくものであるべきだという折衷主義的な傾向（青木1991）があります。わたしも含め多くの言語教師が、コミュニカティブ・アプローチは一定の汎用性のある概念だと考えていると言っていいかと思います。けれど

もやはり、コミュニカティブ・アプローチに対しても、批判があります。

6　コミュニカティブ・アプローチへの批判：これまでの教授法から

　コミュニカティブ・アプローチに対する批判について、3つの点にまとめてみたいと思います。

　1つは、コミュニカティブ・アプローチはオーディオリンガルを含むこれまでの教授法を批判する形で開発されてきたものですので、そこから考えれば当然ですが、これまでの教授法の側からの批判です。まず、コミュニカティブ・アプローチの教科書は、結局単なる会話集じゃないの、旅行で使うための会話集と同じだ、というものです。いきなりむずかしい文型が出てくる場合があります。「これ洗っといてね」のような。これはむずかしいです。「洗っといて」って何？　ネイティブが使うので、いきなり出てきたりします。これをマルっと覚えようとさせる。会話集というのは、足し算で、全部覚えなければいけない。けれどもオーディオリンガルがやってきた文法文型重視の教授法は、掛け算だというわけです。つまり、たとえば、「これ洗っといて」というのは、「これを洗っておいてください」を省略して言った形ですね。「〜ておく」という形で「準備する」という意味を表しますが、その口語体「〜とく」を使っています。「〜ておく」という形は、お客さんが来るから「掃除をしておきます」、「ビールを冷やしておきます」のように使います。「〜ておきます」という形を知っていれば、これは準備という意味なんだなと、いろんな場面でいろんな動詞を使って表現することができる。これが、文法文型重視の教え方は掛け算だ、という意味です。けれども、コミュニカティブ・アプローチは、勉強したことばをいちいちそのまま覚えなければいけないから、足し算だ、効率が悪いという批判です。確かにそういう面はありますね。

　また、コミュニカティブ・アプローチはコミュニケーション重視だという、その思想はわかるけれども、初学者にはやはり基礎が大切でしょう、という意見です。窓が閉まっていて暑いと感じる部屋にいて「暑いですね」と言われ、オーディオリンガル式だと「はい暑いです」で終

わってしまうところを、コミュニカティブ・アプローチでは「そうですね」と言って窓を開けるのが日本社会の自然なコミュニケーションだと考え、学習者にもそれが自然な行動だと求めるのかもしれません。しかし、すぐに窓を開けられる能力もいいけれども、まず「暑い」「〜です」ということばの意味がわからなければ、コミュニケーションなんか成立しませんよ、という主張です。そんな基本的なところもすっとばしてコミュニケーション、コミュニケーションというのは、やっぱりおかしいでしょうという批判ですね。

　そして、文化理解教育を重視するという点。語学教育にそれが果たして必要なの？という批判です。ことばは単なる道具、ツールだとも言えるわけです。ことばを使い何かを為す（成す）ことが本当の目的で、ことばはそのための単なる道具にすぎない。だからできるだけ効率的に記号として教えていくべきだ。そして、文化理解は、記号としての言語を覚えた後で、基礎的な言語活動ができるようになってから学んでも遅くないということですね。これがオーディオリンガルを含む伝統的な教授法の側からの、コミュニカティブ・アプローチに対する古くから言われている批判です。これが1点目です。

7　コミュニカティブ・アプローチへの批判：第二のパラダイムシフト

　もう一種類の批判は、比較的新しい 2000 年前後から言われるようになってきました。日本語教育について言うと、この時期は「第二のパラダイムシフト」と呼ばれます（佐々木 2006）。1980 年代からの、興行ビザで入国するエンターテイナーたち、農村部に移住した外国人のお嫁さんたち、バブル経済の日本社会で働こうとする外国人男性たちなど、日本への多様な外国人の流入が背景としてあります。パラダイムシフトというのは、思想とか価値観の枠組みが大きく転換するという意味です。佐々木（2006）によれば、第一のパラダイムシフトは、1980 年代に日本語教育界にコミュニカティブ・アプローチが広がっていった時期です。では、第二のパラダイムシフトの時期、コミュニカティブ・アプローチはどのように批判されたのでしょうか。

まず、コミュニカティブ・アプローチは、ネイティブ、母語話者を目標としている、目標言語を流暢に話す母語話者を目標としている、という点です。オーディオリンガルも同じだけれども、コミュニカティブ・アプローチもこの点は変わらない。流暢に話すことを重視するというのは、母語話者を結局は目標としているということ。たとえば、英語教育であれば、アメリカ英語、イギリス英語を学ぶことが最上とされる一方で、それ以外の英語を、間違った二流の英語としてしまうのではないか。ネイティブを目標とするということは、結局そういうことになってしまうじゃないか。インドの英語、シンガポールの英語、フィリピンの英語、そして日本の英語を、劣った言語だとしてしまう可能性がある。日本人の科学者たちのなかにはカタカナ英語でネイティブとバリバリ議論してきた人もいた、その英語を、二流の英語としてしまうじゃないか。そして、第二言語習得がうまくいくかいかないかが、結局は目標言語を使う人たちへの同化意欲に左右されてしまうのではないか。アメリカ人みたいになりたい、イギリス人みたいになりたいという、そういう気持ちが、英語習得がうまくいくかどうかを左右してしまうということです。たとえば、日本語を日本人ではない先生に教えてもらうのなんか嫌だとか、英語をネイティブじゃない先生に教えてもらいたくないというような意見が、結構あるのです。「ネイティブ信仰」などと言われますね。コミュニカティブ・アプローチも、目標言語を使う社会の文化もしっかり理解しようという考え方ですから、この点は変わりません。

　これに対して、発音や運用慣習などにおいて母語話者を目指す必要があるのか、別に母語話者を目指さなくていいんじゃないかという主張が現れたわけです。これは、大きな転換だったと言えます。そして、たとえば英語ですけれども、これは社会も文化も超えたコミュニケーションの道具として使われているのだから、別にアメリカ人みたいな英語、イギリス人みたいな英語、これは要りません、という考え方です。Englishesとsがついて複数形になったものを見ますが、インド英語、シンガポール英語、フィリピン英語、日本英語、いろんな英語があっていいじゃないですかという主張です。たとえば、ノーベル賞、英語だと

The Nobel Prize ですね。日本人はその The が取れてしまいがちで、Nobel Prize と言うことが多い。アメリカ人から The つけなきゃおかしい、定冠詞 The がないのはダメと、そう言われるかもしれないけれど、英語はリンガフランカ（世界共通語）なんだから、「あ、それ、日本ではつけないから」と堂々と言っていいんだということです（鳥飼 2010）。だから、何でもかんでも母語話者が話す通りにしなくていい、The がなくなっちゃったなどとオロオロする必要がない、堂々と日本人の英語でいい、ということです。確かに、日本人が韓国人と英語で話さなければならないときに、細かい用法の規則が要るのか？ そして、英米文化が要るのか？ アメリカ人イギリス人しかわからないことわざとか言い回しとか、それ要りますか？ アメリカ文化やイギリスの文化とか要りません、という考えですね。

　日本語学習についても、たとえば中国人と韓国人がビジネスを日本語でやろうとするとき、特に日本の文化は要らないですね。いや、勉強したい人はもちろん勉強していいんです。しかし、文化教育、文化理解は要らないという考え方だってあるわけです。それを、コミュニカティブ・アプローチは、文化理解をきっちとしようという、これはやはりちょっと違うんじゃないですかという批判です。これが 2 つ目です。

　コミュニカティブ・アプローチに対する批判の 3 つ目は、コミュニケーションができるようになるのはいいけれど、それは「教育」としてどこにたどり着くんですか、という点です。つまり、コミュニカティブ・アプローチの目的が見えにくくなってしまっているという批判です。これは、とても大事なことですが、何のためにことばを学ぶのか、何のためにことばを教えるのか、その目的についての議論が、特に日本におけるコミュニカティブ・アプローチには見当たらない。会話練習をする、いいですいいです、コミュニケーション活動ももちろんやった方がいいのだけれど、でもそれによって、人間の何を育成しようとしているのかが、コミュニカティブ・アプローチの方法論からは見えにくい、という批判です。そして、アメリカ人のように英語を使う人を育成する、あるいは日本人のように日本語を話す人を育成する、それは本当の意味での

教育の目的になるんだろうか、いや、ならないでしょ、という批判です。これについては、どうでしょう、皆さんは何のために英語を勉強しているのか、コリア語を勉強しているのか。そして、なぜ日本語を教えるのか。そこをひとりひとり考えてみてもいいということは、わたしも確かに思います。どこへ向かっていくのか、学習しているひとりひとり、教えているひとりひとりが考えていく必要があるんじゃないか。何も考えないで「アメリカ人のような英語話者に」「できるだけネイティブライクの日本語を習得させよう」と目標を立てるのは、やはり違うんじゃありませんかというのが、今、コミュニカティブ・アプローチに対する批判として、3つ目にまとめたことです。考えてみてください。

【参考文献】

青木直子（1991）「コミュニカティブ・アプローチの教育観」『日本語教育』73号 pp.12-22

佐々木倫子（2006）「パラダイムシフト再考」国立国語研究所編『日本語教育の新たな文脈—学習環境、接触場面、コミュニケーションの多様性』アルク pp.259-283

高野直人（2003）「「アメリカ社会における外国語教育」の課題—1980年代以降のカリフォルニア州での言語論争を参考にして」関西大学外国語教育フォーラム 2 pp.59-73

高見澤孟（2006）「日本語教育史（7）：米国国内における日本語教育」『學苑 昭和女子大学紀要』785 pp.77-87

鳥飼玖美子（2010）「（インタビュー）これからの英語」朝日新聞 2010 年 10 月 20 日東京朝刊

縫部義憲（2001）『日本語教育学入門 改訂版』瀝々社

読書案内

『対話をデザインする』細川英雄（2019）ちくま新書

　本書は直接に「外国語教授法」についての書物ではありません。日本語教育を含めた言語文化教育研究者の著者は、ことばの教育を、社会と自己の関係を他者との対話によって新しく見出すこと、そして他者とともに「より生きやすい」社会を作ることだとし、その方法論として「問

題を発見し解決する総合型日本語教育」を長く実践し提唱してきました。その著者による、「対話」の意義と、それをデザインする方法がわかりやすく導かれています。安易な思考停止を戒め、「深く考えて、決して寄りかからず、遠いまなざしを持ち、ゆるやかな連帯を築く」ためのことばの教育を実践したいと、本書を読んで心から思います。

『思考と言語の実践活動へ─日本語教育における表現活動の意義と可能性』西口光一編（2020）ココ出版

「生きることの根源にかかわること」の表現活動こそが、これからの日本語教育の「新たな方法論的視点」だとし、「日本語そのものの習得と指導に集中するのではない」言語教育の在り方、その理論と実践についての6人の著者による論考です。理論の深層を探る第3章では、若者が世界の中に自らを投げ出す覚悟を持つ挑戦と探検精神を、雛が殻を割るように表現しようとするとき、親鳥が外側からその殻を雛と同時につついて外に出そうとするような教室活動の方法論が求められるとあり印象的です。編者が長く考究してきたバフチンの「生はその本質において対話的なものである。生きるとは即ち対話に参加すること──尋ね、耳を傾け、答え、同意したりすることである」が全体を貫くモチーフとなっています。

この章を読んだあとで──課題

① 英語をはじめとした外国語の学習のなかで、パターンプラクティスの経験を思い出してみましょう。具体的にどのような場面だったか、ことばにして仲間に話してみてください。また、あなたが今「考えることなく」、自動的に口について出てくるような外国語のフレーズがありますか。もしあれば、それはどのようにして「体得」したか思い出し、仲間に話してみましょう。

② あなたは「○○人のように○○語を話したい」と思ったことはありますか。それはどんな言語学習の経験ですか。そして、なぜそう思ったのか、思わなかったのか、その理由も思い出しつつ、仲間に話してみましょう。そして、仲間の経験も聞いてみましょう。

③ あなたが外国語を学ぶ目的は何ですか。英語をはじめ、いくつかの言語を学んだ経験があると思います。それぞれの言語学習の経験について考えてみてください。「そんなことは言うまでもなく、その言語を使えるようになることだ」という意見もあると思いますが、では、なぜその言語を「使える」ようになりたいのか、どんな場面で、どのような人たちと使いたいのか、考えてみてください。

コラム 10　行動中心アプローチ・CEFR-CV・仲介・「日本語教育の参照枠」

　第 8 章の最後で、コミュニカティブ・アプローチへの批判として、何のためにことばを学ぶのか、何のためにことばを教えるのか、その目的についての議論がない点を述べました。「コミュニケーションすること」が目的だとしても、では「何のためのコミュニケーションなのか」というコミュニケーションの先にあるものを、コミュニカティブ・アプローチは考慮していないということです。

　第 9 章で触れる CEFR（ヨーロッパ言語共通参照枠）が採用しているのは、行動中心アプローチ（action-oriented approach）です。行動中心アプローチはコミュニカティブ・アプローチに強く影響を受けています（山田 2022）が、コミュニカティブ・アプローチにはない「コミュニケーションの先にあること」、すなわち「ことばを使い何をするのか」「自分のやりたいこと、自分がやらなければならないことをするための、コミュニケーション」を見据えます。

　なぜなら、CEFR において言語の学習者は、社会生活で直面する多くのさまざまなタスクを、他者との円滑な人間関係を築きながらともに遂行していく社会的行為者（social agent）だと考えられているからです。その意味で、言語学習者は言語使用者と区別されず、CEFR においては言語を学ぶことと言語を使うことは同等です。ですので、行動中心アプローチでは、学習者はコミュニケーションすることだけでなく、母語話者とまったく同様に、他者とともに行動することが求められているわけです。たとえば、「自分自身や他人の住まい、知人、所有物等について質問を受けたり、答えたりすることができる」、「自治体の広報誌、広告やポスター、インターネット等から必要な情報を得ることができる」などの、Can-do ステイトメントと呼ばれる「できること」を学習者と教師の双方でチェックし、どの段階かを確認します。この CEFR を参照し、日本でも 2021 年に「日本語教育の参照枠」が開発されました。

　一方、CEFR は 2001 年に公開されましたが、2020 年にはその補遺（随伴）版、CEFR-CV（Common European Framework of Reference for Languages; Learning, teaching, assessment Companion Volume）が公開されました。行動中心アプローチはもちろん引き継がれていますが、異なる言語や文化を持つ人々がともに同じ地域で生活し働くことが目指されることは、さらに「仲介（Mediation）」という概念の詳細な説明によって明確になっています。ここで言う仲介は、単に異言語間における翻訳や通訳という活動だけを指すの

ではありません。櫻井・奥村（2024）によれば、仲介は「社会におけるさまざまな障壁を乗り越えながら、円滑な人間関係を構築していくために行われる言語活動」であり、「自分がすでに持っている知識や価値観を再認識したり、再確認したり、再構築したりする言語活動」とまとめられています。たとえば異文化間で（同一言語内でも「異文化」はたくさん存在しますよね）対立が起こった場合、次のような「コミュニケーションの仲介」の力の獲得が目指されています。

- 双方の間に立ち、それぞれの言い分を相手が理解できるように言い換えて説明できる。
- どちらにも中立な立場で客観的に、自分の価値観すら更新しながらコミュニケーションする、共有の「空間」を作ることができる。

　前述した「日本語教育の参照枠」も CEFR-CV を踏まえ、2023 年に「「日本語教育の参照枠」（報告）の見直しのために検討すべき課題について」が発表され、再検討されつつあります（文化庁 2023）。ここでも、仲介について説明があり、CEFR のキーコンセプトとして紹介されています。また、参照レベルについて「最も高いレベルである C2 は、理想的な母語話者、十分な教育を受けた母語話者、または母語話者に近いパフォーマンスができるということとは関係がない」と指摘されているのも興味深いです（22 ページ）。

　そして、CEFR-CV では手話能力について更新、追加されていますが、この文化庁（2023）でも次のように言及されています。「日本語教育においても今後取り組んでいくべき重要な事項である。ただし、現在は日本語教育における方針を示すことができるまでの教育的なノウハウの蓄積に至っていないという状況があるものと思われる。そこで、まずは委託事業等において、教育的な知見を蓄積することとし、手話能力については今後検討していくべき課題とする」。手話については、本書の第 10 章も参照してください。

【参考文献】

櫻井直子・奥村三菜子（2024）『CEFR-CV とことばの教育―「考える教師」が CEFR-CV を参照するときの本』くろしお出版
文化庁（2023）第 122 回日本語教育小委員会 資料 6「「日本語教育の参照枠」（報告）の見直しのために検討すべき課題について―ヨーロッパ言語共通参照枠 補遺版を踏まえて」
山田美樹（2022）「フランス語教育における「行動中心の考え方」に基づく教科書の教師用指導書のあり方：Nouveau Rond-Point の分析を通して」お茶の水女子大学仏語圏言語文化学会『仏語圏言語文化』巻 2 pp.137-149

第9章
複言語主義と日本語教育

本章では、現在のヨーロッパで言語教育の基本理念となっている複言語主義と、日本語教育との関連について考えていきます。「複言語主義」とは何か、聞き慣れた「多言語主義」とはどう違うのか、また、どんな方法で複言語主義を実際の教育現場に織り込めるのか、具体的な例から考えましょう。そして、そもそもなぜ複言語主義なのでしょう。なぜ日本語教育に複言語主義が関係するのでしょうか。

【キーワード】複言語主義、CEFR、言語ポートレート、多言語主義、言語への目覚め活動

1　CEFR（ヨーロッパ言語共通参照枠）の理念としての複言語主義

　前章で見たコミュニカティブ・アプローチが生まれたのも、また新しい時代にコミュニカティブ・アプローチに対する批判が発生したのも、ヨーロッパが舞台でした。ヨーロッパは、国境がたくさんあり、紛争もたくさん経験して、そして移民も多い地域です。ヨーロッパは EU、ヨーロッパ連合として、ある意味壮大な実験をしています。国境を自由に越えられるし、共通の通貨ユーロを作りました。そして、フランス人とかドイツ人とかイタリア人など国民としてのアイデンティティだけではなく、さらにもう1つ、「わたしはヨーロッパ人だ」というアイデンティティを持とうとする。それが教育の中でどの程度浸透しているかは、場所により人により温度差はあるけれども、理念としてはヨーロッパ人

という、1つの、国を超えた、人々の拠り所を作ろうとしています。そしてそのヨーロッパで今、言語教育の基本理念とされているのが、複言語主義（plurilingualism）と呼ばれる思想です。

　日本では2020年からの新しい大学入学共通テストで、英語の民間試験を導入するかどうかについて激しい議論があり、結局文科省は当面導入を見送りました。しかし、実際には出願時に民間試験（英語検定、TOEFL、TOEICなど）の成績を提出させる大学や学部はあります。文科省は、そこでの尺度としてCEFRということばを使っています。CEFRは、Common European Framework of Reference for languages: Learning, teaching, assessment という、日本語だと「外国語の学習・教授・評価のためのヨーロッパ言語共通参照枠」と訳すものです。欧州評議会が作成したもので、外国語を勉強したり教えたり評価したりするときのガイドラインです。日本語教育分野でもこのCEFRを参考に、2020年に文化審議会国語分科会によって、日本語学習、教授、評価のためのガイドライン「日本語教育の参照枠」がまとめられました。

　CEFRは、外国語の運用能力を6段階に分けています。基礎段階のA1、A2、自立した使い手としてのB1、B2、熟練した使い手のC1、C2という6段階で、C2が一番高いとされる運用力の段階です。大学入試では、A2以上とか、それぞれの大学によってB1とかB2などを要求する、というように使うようです。日本ではなぜか、このレベル分けだけ、到達度だけが使われる傾向があるようです。便利と言えば便利ですけれども、その基本理念については置いておかれて、あまり注目されていない感があります。しかし、ここでは、その基本理念について考えたいと思います。

　複言語主義が、CEFRの理念です。複言語主義は、1人の人間の中に程度の差はあっても複数の言語の力が存在していて、それぞれの言語能力が相互に作用しあって、その人のことば全体を築いているという考えです。ちょっとわかりにくいかもしれないので、わたしの例をお話ししましょう。わたしは、東京出身なので、子どもの時から東京のことばを使っていましたが、父が東京の下町出身で「べらんめーい」みたいなこ

とばを使っていました。母は函館出身で、わたしはやはり北海道のことばもなんとなく聞いてきたんじゃないかと思います。母が函館のおばさんと電話で話すときのことばが、いつもとはずいぶん違うなあと、子どもの時から思いました。小学校高学年から英語を勉強しました。高校は東京の多摩地域の女子高の寮で生活し、女の子だけで楽しいながらも、ことばは相当「自由」に使っていたんじゃないかと思います。大学は都心の大学に行きましたが、鮮明に覚えていることがあります。入学してすぐに友だちになり、今もとても仲がいい友人は、初等部からその学院で学んでいた人でした。出会ったばかりのころに彼女が注意してくれたのは、「かよちゃん、そういうことばは使っちゃだめだよ、それ直さなきゃだめだよ」ということでした。「すげー」とか「バックレようぜい！」とか言ったときだったと思いますが、高校時代までに何も考えずに話していたことばを、この学校の学生として使ってはいけないよと、注意してくれたのです。それは地域差だけではおそらくないんじゃないかと思います。そうかぁと、その時は思って、少しだけど努力したのかなと思います。だから、いわゆる山の手ことばもたぶんわたしは使うし、一方で、そのベースのところには「直した方がいいよ」と友人に言われた日本語もあるわけです。

　また、学生時代にはポルトガル語とフランス語を勉強して、今は残念ながら使えないのですが、勉強した痕跡はあります。

　それから、ベトナムで仕事していて、修士論文もベトナム語の文献を使って書いたので、ベトナム語もある程度できます。ベトナムから帰ったのち20年ほど新潟県民だったので、新潟のことばを使うこともあります。コリア語を少しずつ勉強していて、でもまだハングルがちゃんと読めない段階です（苦笑）。また、中国人の学生たちと長く付き合ってきたので、中国語は聞けばちょっとだけわかることもあります。

　そういうことばの経験全部が相互に作用しあって、わたしという人間の言語活動を作っている。それが複言語主義という概念です。自分とことばの関係を表現する自画像を「言語ポートレート」と呼びますが、わたしのものは上にあげたいくつかのことばがごちゃまぜに重なっていま

す。皆さんも次のイラストと色えんぴつを使いご自分の「言語ポートレート」を描いてみてください（p.159 課題参照）。

　たとえば低いレベルの獲得、わたしの場合ポルトガル語とかフランス語も学生時代勉強したわけですが、今は使えません。その低いレベルの獲得でも、複言語主義は、言語学習そのものに意味があると考えます。そして、コミュニカティブ・アプローチもオーディオリンガルも、当然のようにネイティブを目指したのに対して、複言語主義はそうではありません。もちろんネイティブを目指したい人はそれでいいけれど、みんながそうである必要はまったくないと考えます。

　また、4技能の均等な習得も目指しません。読む・書く・聞く・話す、これは英語の勉強が始まった時から、わたしたちはバランスよく4技能全部を習得していくべきなんだろうなあ、だけど日本人は英語を話せないし、そっちはもうちょっと力を伸ばさなきゃいけないんだなーなん

て、なんとなく思ってきたわけですが、複言語主義はそのようには考え
ません。外国語をベラベラ話す人のなかにも、書けないという人、結構
いますね。前述しましたが、外国人のお相撲さんは流暢に話すことはで
きるけれども書けない人もいる。もしそれで不利益を被るなら「よしや
ろう」となるわけですが、人間は外国語を使う必要がある環境にいるか
らこそ外国語を学ぶのであって、書くことが求められていなければ結局
は書く練習などする必要がないのです（ただ、その必要にまだ気が付いて
いないという人もいるので、教師としてはそこは注意点ですが）。だから、
もちろんやりたい人はどんどん勉強すればいいのだけれど、基本は自分
の必要に応じて言語を学んでいくのであって、それ以上のことを行う必
要性はないと考えます。そして、1つの外国語の運用力を独占的に高め
るだけではなく（たとえば英語だけをガッツリ勉強するというのではなく）、
むしろ多くの言語に触れて多くの異なる世界を知ることも、複言語主義
は言語学習の意味だと考えます。

2　多言語主義と複言語主義

　複言語主義とよく似たことばに多言語主義（multilingualism）があり
ます。こちらの方がよく聞くことばかもしれませんが、意味が違うので
説明しましょう。

　多言語主義の場合、その視点は「社会」にあります。この社会には複
数の言語が併存しているという考えです。たとえば、街に出るといろい
ろな言語の表記がありますね。空港や駅や交通機関の多言語情報など。
自治体の Web ページや大手メディアの多言語情報もあります。また、
大学にはいろいろな外国語クラスがあります。それらは、多言語主義と
言っていいと思います。この社会ではさまざまな言語が使われているの
で、それに社会全体で対応していこう、と考えます。

　一方、複言語主義は、「個人」の言語活動に注目します。多言語主義
の視点が社会にあるのに対して、複言語主義は個人に注目する。そして
個人の言語知識とか、あるいは文化的な体験は、個人の中でばらばらに
存在しているのではない、それはお互いに作用しあって、お互いに補完

的な役割を担っていると考えます。たとえば、新しい言語を学ぶとき、自分がすでにある程度知っている言語を活かして学びます。ベトナム語は漢字を今は使いませんが、以前は漢字を使っていたので、単語レベルだと日本語とよく似ているものが多いです。政治は chính trị、政府は chính phủ、社会は xã hội、会話は hội thoại。ベトナム語を学ぶとき、わたしたちの漢語の知識が間違いなく役に立ちます。日本人が中国語を学ぶときは、その関係がもっと顕著ですね。これは、複言語主義の考え方です。

3　えっ、わかる！：言語への目覚め活動

　そうであっても、しかし、いくつも外国語ができるようになるなんてやっぱり無理だと、思うかもしれません。では、次のようなものはどうでしょうか。山本（2018）によるクイズです。

何について書いてあると思いますか

A） อากาศหนาวส่งผลกระทบต่อภาคเหนือ
ภาคใต้เมฆปกคลุม ฝนตกชุก

B）Di daerah utara, udara dingin akan mempengaruhi cuaca. Sedangkan di daerah selatan cuaca akan berawan dan hujan.

**C）弱冷空气将影响北方地区
南方地区多阴雨天气**

　A は、どうでしょう。これはタイ語です。〇や曲線の文字、わたしにはぜんぜんわかりません。皆さんどうでしょうか。

　では、B はどうでしょう。これはアルファベットですね。だから A とは違い、読み方はなんとなくわかります。これは、インドネシア語です。この di とか、同じのが出てきますね。akan というのも 2 つ出てくるなー、cuaca これも 2 つ出てくるなーとか、思いますね。わからない

けれども、Aのタイ語に比べるとぐっと身近に感じる気がしませんか。

　それで、最後のC、これは中国語です。これはどうですか。おそらくAよりBより、はるかにわかるのではないでしょうか。それはわたしたちの、漢字の知識を使っているのですね。実は、このABC、どれも同じ意味が書いてあります。Cの場合、たぶんこういう意味だというのは、中国語を勉強してない人もわかるのではないでしょうか。

コリア語で書いた曜日（順番ばらばら）

화요일　월요일　수요일　토요일　목요일　일요일　금요일

　「曜日」という意味になるのはどの部分か？

　次はコリア語（韓国語／朝鮮語）[7]を見ましょう。コリア語を勉強している人は多いですが、ぜんぜん知らない人こそ考えてみてください。これはコリア語で書いた曜日です。順番はバラバラです。日本語の「曜日」という意味になるのはどの部分でしょうか。

　そうですね。「요일」が曜日ですね。全部同じですね。コリア語を勉強していなくてもおそらくわかったと思います。

　では続けて、日曜日はどれでしょうか。結構簡単じゃありませんか？

　そうです。右から2番目。日曜日は「일요일」です。日本語ととてもよく似ています。

　次はドイツ語。月曜日はどれでしょうか。

7）朝鮮半島の大韓民国（韓国）と朝鮮民主主義人民共和国（北朝鮮）で主として使われている言語の呼称については、議論があります。日本では「韓国語」「朝鮮語」「コリア語」「ウリマル（我々のことば）」などが使われています。NHK講座では「ハングル講座」という名称です。多くの語学テキストは「朝鮮語」「韓国語」「ハングル」が混在しています。大学入試センターの試験は、2001年に「朝鮮語」から「韓国語」に名称変更しました。韓国と北朝鮮の言語は、それぞれの国の言語規定によって語彙、文法、正書法などにかなり相違点があり、日本で学ばれているのは多くが「韓国語」だという認識からです（金2004）。ここでは、特に政治的な意味はなく、暫定的に「コリア語」と呼びます。

次はドイツ語

「月曜日」を見つけてください。

A	B	C	D	E	F	G
Samstag	Donnerstag	Mittwoch	Montag	Dienstag	Sonntag	Freitag

　はい、D ですね。英語の知識があると、「たぶんこれだな」とわかりますね。

　次もドイツ語です。ドイツ語を勉強したことがない人にも簡単だと思いますが、どうでしょう。

　そうです、ビアガーデンですね。

　次は、スワヒリ語です。あまり馴染みがない言語かと思いますが、アフリカの言語です。タンザニアやケニアなどアフリカ東部で、多くの人々が使っています。

スワヒリ語です

1	moja
2	mbili
3	tatu
4	nne
5	tano
6	sita
7	saba
8	nane
9	tisa
10	kumi
11	kumi na moja
12	kumi na mbili
13	kumi na tatu
14	kumi na nne

　スワヒリ語で1から14までの数字を書きました。考えてみてください。まず、18 はどうでしょう。また、この na はどういう意味でしょう。どうしてそう考えましたか。それからこのスワヒリ語は、英語に似てますか。それとも日本語に似てますか。そこも考えてみてください。

　次は、中国語ですね。

中国語です

我去学校	（わたしは学校に行きます）
你去学校	（あなたは学校に行きます）
她去学校	（彼女は学校に行きます）
你去学校吗	（あなたは学校に行きますか）
我不去学校	（わたしは学校に行きません）

中国語文法の規則について、できるだけたくさん推測してみてください。結構出てくるのではありませんか。英語と似てますね。「吗」が付くと疑問文ですね。「彼女は学校に行きますか」「彼女は学校に行きません」は、中国語を勉強したことがなくても、中国語で書くことはたぶんできますね。それから、中国語で「飲む」は「喝」です。そして水は同じ「水」です。「あなたは水を飲みますか」「わたしは水を飲みません」も、書こうと思えば結構簡単に書けますね。書ける、そして読んで理解することもできるのではないでしょうか。

　こうした一連のことばに関する教育活動は「言語への目覚め活動」（大山 2016）と呼ばれるもので、イギリスで 40 年ぐらい前に開発された教授法です。ヨーロッパの学校で、熱心な先生はとても熱心、そうではない先生ももちろんいるのだけれども、多くの学校で実践されています。そして、複言語主義に基づく複言語教育の、重要なツールとなっているものです。単純にいろんな言語に触れるというだけの活動ではなく、より知的能力を要求するような学習課題です。典型的には、いくつかの言語を比べながらそれぞれの違いや似ている部分を発見したり、初めて触れることばの意味を推測したりする課題にみんなで取り組むクラス活動です。クラスで、グループやペアで、子どもたち同士が知恵を出し合いながら気が付いていきます。

4　なぜ複言語主義か

　では、なぜ複言語主義なのか。ここでまとめておきたいと思います。

　小さいころから異なる言語や文化に親しんで、おもしろいな、興味深いなというものにしておきましょうよ、ということです。わたしたちには、未知のもの、馴染みのないものに対する好奇心と同時に、それを避けようとする、知らないものは怖いと思う気持ちも強くあります。人間にとって、自分と同じような、馴染みのある人たちと一緒にいたい、知らない人、自分たちとは違う人と一緒にいたくないという気持ちもまた、本能的なものかもしれません。「違う」人たちに対して、「知らない」から怖いと感じるのかもしれません。けれども、わたしたち人間は、本能

だけで生きているわけではありませんね。

　少し前まで、中国の留学生たちから、日本に留学に行くことを周りの人たちに大反対された、という話をよく聞きました。日本人の知り合いが1人もいない人たちから、「日本に行くなんてやめなさい」「日本人は本当に怖い。DNA に残酷な血が流れている」と言われたという人がいました。わたしたちの多くは第二次大戦中には生きていなかったのだから、歴史に責任はとれません。しかし、日本が、そう言われるような歴史を作ってしまったことは、特に今の日本社会で選挙権を持つ人にとって、決して忘れてはいけない過去です。ただ、日本人は DNA に残酷な血が混じっていると言う一部の中国の人は、結局、具体的な個別的な日本人を知らない人たちだろうと思います。そして、同様に日本の中にも、中国人は嫌いとか、韓国人は嫌だとか、イスラム教徒は怖い、というような人がいるわけです。ナンセンスですよね。だって、14 億人もの人たちを「中国人」とぜんぶ一緒にして論じる科学的根拠があるのでしょうか。「日本人」とはいったい誰のことなんだというのは、第3章で皆さんと議論しました。科学的なエビデンスからではなく、メディアで作られる少数の例がステレオタイプになってしまったのです。

　知らないから怖いと思う、そしてそれが結局差別につながっていく。たとえば欧米人に対して、強い差別感情が日本社会にはあまりありません。それはすべての日本人が子どものころから英語を学ぶことも、一因ではないでしょうか。ですので、先ほどの言語への目覚め活動のような活動で、英語以外にもいろいろな言語、いろいろな文化に小さいころから少しずつでも触れておくというのは、今後の社会を変えていくことにつながります。

　そして、日本の小中学校で教科として勉強する言語は、国語（日本語）と、ほぼ英語だけという現状です。それ以外の言語、たとえばインドネシア語や中国語やベトナム語、フィリピノ語（タガログ語）などの使用が、教室で歓迎されない場合、つまりそうした言語を日本の学校で使わないでほしい、使ってはいけないという、そういう先生の態度は、簡単に子どもたちに伝わってしまいます。クラスにフィリピンルーツの子が

いる、ベトナムルーツの子がいるけれども、その子たちの言語や文化を、現在の学校教育で豊かに学びの素材としている例は、まだ多くはありません。実はそういう子どもの存在は、一般の子どもたちが日本にいながらにして他言語・他文化を体験する絶好の機会なのです。でも、クラス内にいる海外ルーツの子どもたちの言語や文化に触れることなく、英語だけを勉強しましょうとなりがちです。繰り返しますが、英語は大切です。けれども、それしか体験させないのは、結局英語だけが価値があることばだという印象を、小さいころから作ってしまいます。それは、英語以外の言語への蔑視につながりやすい。英語は大切だけど、それ以外の言語に対して「なんでそんな変なことば、勉強する価値のないことばを話すの」と感じるような雰囲気を、子どもたちの中に生んでしまう可能性があるのです。

　その結果として、言語的少数派の子どもの、自文化や自言語に対する自尊意識が育っていかないという現実もあります。韓国人留学生の人たちから聞いた話ですが、夫婦で日本にいて、お子さんは日本で生まれて日本で育って、両親も日本語が上手だから日本語を使うけれど、韓国語ももちろん勉強してほしいから韓国語のクラスに行かせる。韓国ルーツの子どものための韓国語教室に行かせると、子どもは嫌がる。「なんでこんなことをわたしだけ勉強しなくちゃいけないの？　韓国語なんて勉強したくない、お父さんお母さんだって日本語を話してるし、要らないじゃない！」と言って、自分のバックグラウンドにある文化や言語に対する自尊感情、自尊意識が育たない。そして、第二言語習得理論のところで見た通り、自尊感情が育たないということは、日本語の習得も遅れがちになってしまって、結局、学力も遅れてしまうということが起こりやすいのです。もちろんそうではない場合も多い。けれども、そうなってしまうことがあるのは、確かに現実です。日本では先ほど見たような言語への目覚め活動のような方法論や、海外にルーツを持つ貴重な言語資源を持っている子どもたちの能力を生かす手段とか教育方法が、まだ十分に確立されていない、ということは言えると思います。

　こうした活動について、先生方が個人で一生懸命やってくださってい

ることは、もちろんあるのです。けれども、システムとして整っていない。その背景には何があるかというと、第5章でも述べましたが、日本社会の、あるいは日本の学校の中の二重の単一言語主義、モノリンガリズムがあげられると思います。子どもたちの学校でのことばの使用が、日本語と英語だけにどうしても閉じられてしまっているということです。

そこには、2つの背景があると思います。1つが言語ナショナリズム。日本の場合に当てはめてみると、日本語は日本人のアイデンティティそのものだという考えです。かつて「日本語は日本人の精神的血液なり」と言った上田万年という人（上田 1897）がいました。第3章で見たように、日本人といってもすごく広いですね。だから、日本語が不得意な人もいるし、日本語ともう1つ、あるいは2つ3つ4つ使っている人もたくさんいる。にもかかわらず、日本は日本語だけを話す日本人によるまとまりのある国家だという言説は、わたしたちの社会にはまだありそうです。つまり、1言語1民族1国家という、これが一番理想の形です、日本はまさにそういう国です、だから英語は別として、それ以外の言語のことは考慮せず日本語だけですべて進めます、というような考えです。

そして、もう1つの背景が、経済合理主義です。日本国民全員に事実上英語学習が強制されていますが、第5章でも見た通り、外国語教育を英語教育だけに絞ることは、多言語を学校教育に持ち込むより、短期的に考えれば断然経済的です。また、たとえばベトナム語やフィリピノ語を多くの子どもたちに教えるよりも、英語と日本語だけを一気に学ばせる方が、現代社会にあって子どもたちの将来の経済的な利益につながる確率は高いかもしれません。つまり、お金儲けにつながること、仕事に役立つ学習というのがどうしても優先されてしまう。これはもちろん大切だけれども、それ以外にも大切なことがあって、教育という営みは、経済的利益以外の大切なこともきちっと見ていかなければなりません。

日本の学校の中で、おかしいなと思っておられる先生たちもたくさんいるのですけれども、どうしてもこの言語ナショナリズムと経済合理主

義を振り返り修正していく動きが乏しい。

　そうした中で、日本社会でも認知度が上がってきた CEFR の、そのもとにある複言語主義を芯とした教育を、いま、真剣に考えるときだと思います。多様な言語への気づき、他言語への寛容性が育成されれば、他言語と同時に日本語のバリエーションも受け入れられます。日本語のバリエーションというのは、地域方言や社会方言、若者ことばとか老人語とか、あるいは「やさしい日本語」や非母語話者が使う日本語など、さまざまな日本語のことです。あの人の日本語は変だとか、あの人の英語は下手だとか、まずは言わないセンスは、複言語主義の教育のもとで醸成されます。以前に聞いた話ですが、ある大学で、日本人の先生が英語で講義をしていました。英語の語学のクラスはなく、文学論だかの講義を英語でやっていたのですけれども、先生の英語の発音が悪いから履修しませんという学生がいたそうです。それについて、皆さんはどう思うでしょうか。いろいろな日本語、いろいろな英語があっていいんじゃないか。いやいや、それは違うんじゃありませんかという意見もあると思います。ぜひ考えてみてください。

　海外ルーツの子どもが海外出身のお母さんに対して、友だちの前でへんな日本語で話さないでと言ってしまうような現象があります。これは日本だけではなく、多くの地域で起こりがちなことですけれども、そういう悲しみが、複言語教育のもとでは解消されていく可能性があります。いろいろなバリエーションがあるんだ、あるのがあたりまえなんだということを、子どものころからみんな知っている社会では、規範的ではない日本語に対する不寛容は起こりにくいのです。

　それともう１つは、いろいろな他の言語に小さいころから触れておくと、ぜんぜん違う環境にわたしたちが置かれたとき、他の人たち、自分と違うことばや文化を持っている人たちへのアクセスが容易になる、ということも言えると思います。まったくわからないことばではあるんだけど、もしかしたらこうするとわかるかもしれないと思う意欲やスキルというのでしょうか。言語への目覚め活動のような、知らない言語の構造や意味を類推するような活動を小さいころからやっていると、何か

どこかに、ぜんぜん知らない人たちだけれども、理解できる部分があるかもしれないという、そういうふうに思える力がつくのではないでしょうか。最初から「わかりませ〜ん！」と投げ出さないで、あきらめないで、理解のために何か手がかりがないか、なんとかならないか、と努力する力の育成は、複言語主義の教育では可能性としてあると思います。

5 日本語教育に、なぜ複言語主義か

先ほど見た CEFR は、欧州評議会の言語政策局が作っていますが、そこが言語政策策定ガイドも作っています。その中にはっきり書いてあるのが、ある社会の大言語を教える教師は、その社会の少数言語とその使用者の権利を守る責任がある、ということです。日本語は、日本社会に限って言えば圧倒的な大言語ですね。ですので、これに倣えば、わたしたち言語教師、特に日本で日本語／国語を教える教師は、やはり日本社会の少数言語とその使用者の権利を守る責任がある、ということが言えると思います。

一方で、国際社会に目を転じると、日本語は、英語に比べたら圧倒的に少数言語です。英語や中国語など国際社会の大言語に、世界中を席巻されてしまうのは、やはり危険です。生物の多様性が地球を守るのと同様に、言語や文化の多様性は国際社会全体を守る。現実的には今のところ日本語が消滅するということは考えにくいと思います。しかし、企業内の英語使用などが進み、少しずつ知らないうちに国際社会の有力言語が日本社会に浸潤し、いつのまにか公的場面で日本語を使える場が少なくなっていくということはありうるかもしれません。ですので、日本語を守るための複言語主義ということも言えるでしょう。

そして最後に、どうして外国語を学ぶのか、その目的についてです。複言語主義は、その点はっきりしています。異文化との接触の中で、自分の文化を相対視するためです。今まで自分があたりまえだと思ってきた自分の文化や常識や価値観などを、あれ？ 違う「あたりまえ」があるんだ！と相対化する。そして自分の文化、あるいは自分の価値観だけを「これが普通だ」、自動的に心が「自分の価値観だけが正しい」と動

いてしまう、そういうところから自由になるためのきっかけを作る。それが外国語教育の重大な目的だと、複言語主義は考えます。

　短期的に考えると複言語主義は効率的ではないように見えます。ちょっと外国語を「かじる」？　必要ですかそれ？　と思う人はいる。確かに、経済的な合理性から考えると、疑問視されるところがあるでしょう。しかし、長い視点で考えていくと、わたしは複言語主義の方が、多くの人たちを幸せにする可能性が高いのではないかと考えています。そうは言ってもねと感じる人もいるかと思います。この機会に、ぜひ考えてみてください。

【参考文献】

上田万年（1987）『國語のため 増補版』富山房

奥村三菜子・櫻井直子・鈴木裕子（2016）『日本語教師のための CEFR』くろしお出版

大山万容（2016）『言語への目覚め活動―複言語主義に基づく教授法』くろしお出版

川上郁雄編（2010）『私も「移動するこども」だった―異なる言語の間で育った子どもたちのライフストーリー』くろしお出版

川上郁雄（2015）「「ことばの力」とは何かという課題」『日本語学』10 号 pp.56-61

金泰虎（2004）「日本における「朝鮮語」の名称」『言語と文化』8 pp.183-204

鳥飼玖美子他（2017）『英語だけの外国語教育は失敗する―複言語主義のすすめ』ひつじ書房（ひつじ英語教育ブックレット 4）

細川英雄・西山教行編（2010）『複言語・複文化主義とは何か―ヨーロッパの理念・状況から日本における需要・文脈化へ』くろしお出版

山本冴里（2018）「いくつもの言語とともに―複言語主義」有田佳代子・志賀玲子・渋谷実希編著『多文化社会で多様性を考えるワークブック』研究社 第 17 章

山本冴里（2019）「市民性形成のために、日本語教師が「多数派」に提案する対話教育の方法：『多文化社会で多様性を考えるワークブック』の理念と実際 デモンストレーション第 17 課」言語文化教育研究学会第 5 回年次大会フォーラム発表資料

Beacco, J. C. & M. Byram（2003/2007）*Guide for the development of language education policies in Europe: From Linguistic Diversity to Plurilingual Education*, Strasbourg: Council of Europe

Council of Europe（2020）*Common European Framework of Reference for*

Languages: Learning, teaching, assessment – Companion volume. Strasbourg: Council of Europe Publishing

読書案内

『複数の言語で生きて死ぬ』山本冴里編（2022）くろしお出版

　本書は複言語主義を直接論じた本ではありませんが、複数の言語の境界に生き死んでいく人々についての 11 編の考察です。編者山本は、境界を「広々とした道、あるいは川のような場」とし、「異質なもの同士が交錯し混ざりあい、溶けあい、新たな何かが生み出される（かもしれない）場」と言います。ここで主張されるのは、個々人が複数の言語を習得しようということではなく、言語と言語のあわいを知ることによって「ステレオタイプを凌駕する細やかな想像力」を獲得したいということです。

『日本語教師のための CEFR』奥村三菜子・櫻井直子・鈴木裕子編（2016）くろしお出版

　本書は、「個人が幸福であることが、国家を超えたコミュニティの発展につながっていく」と考える CEFR（ヨーロッパ言語共通参照枠）を、日々の教室活動へと橋渡ししてくれます。CEFR の理念である複言語主義とは何か、そして「行動中心アプローチ」の実践とは具体的にどんなものか、わかりやすく紹介しています。「情報のやりとり」に使うことばだけではなく、言語活動も含めた人間のすべての活動に必要とされる力、体験から得た知識や意識、スキル、価値観などとともに構築されていく人間の能力について、教師は再評価を促されます。

この章を読んだあとで——課題

① 146 ページの人物イラストに色えんぴつを使いあなた自身の言語ポートレートを描いてみましょう。外国語だけではありません。よく考えてみると、方言、家族とだけ使うことば、少し気取ったときに使うことば、親しい友人と話すときのことばなど、さまざまなことばによって

あなたのことば全体が構成されていることがわかるはずです。

② あなたの好きなフレーズ（たとえば「なつかしい」「I miss you」「ケ・セラ・セラ」など？）を、翻訳ソフト Deepl や Google 翻訳、AI チャットサービス ChatGPT を使い、50 以上の言語に翻訳して音声も聞いてみてください。

③ 現在、世界中で消滅の危機にある言語を調べてみてください。UNESCO によると、2000 以上あるとされています。どんな言語が含まれるでしょうか。また、日本国内で消滅の危機にある言語や方言も調べてみましょう。国立国語研究所や文化庁のサイトで調べられます。あなたの使う言語はいかがでしょうか。

第 10 章
日本の少数言語：手話を中心に

前章で見た通り、複言語主義のもとでは、ある社会の支配的言語を教える教師の責任の1つとして、他の言語とその使用者の権利、特にマイノリティ言語とその使用者の権利を守るという任務があります。日本語は、日本社会の支配言語、大言語ですので、日本語教育に関わるわたしたちは、日本社会の少数言語についての知識を持ち、少数言語と、それを使う人たちの権利を守っていく力を持ちたいものです。本章では、日本社会の少数言語、特に日本手話を中心に考えていきましょう。

【キーワード】手話、日本手話、自然言語、人工言語、日本語対応手話、言語と方言、アイヌ語、琉球諸語

1 手話についての基本的な質問から

手話について、白井（2013）を参照していくつか基本的な質問をしてみます。イエスかノーかで考えてみてください。

① 手話は言語ではなくジェスチャーの一種である。
② 手話は世界中で通じる。
③ 日本のろう者が使う日本手話の文法と、日本語の文法は、大体同じである。
④ 手話よりも話しことばの方が習得するのがむずかしい。
⑤ 手話は哲学とか高等数学などの複雑な概念を表現する場合には適していない。

どうでしょうか。

正しい答えは、5つとも、NO です。全部「いいえ」です。

最初から見ていきましょう。手話は、日本語や英語と同じように、言語です。ジェスチャーやパントマイムなどとはまったく異なるものです。

2つ目の質問ですが、手話は世界中では通じません。日本ではだいたい日本手話で、アメリカにはアメリカ手話、イギリスにはイギリス手話、中国には中国手話があります。音声言語ではアメリカ人もイギリス人も英語を使いますが、アメリカ手話とイギリス手話は違います。

3つ目、日本のろう者が使う日本手話の文法と日本語の文法は、まったく違います。日本手話は、皆さんが今読んでいる、この日本語の文法とは完全に異なる、完全に違う言語です。

それから4つ目。どの言語も習得するのにむずかしいところと簡単なところがあります。その人の母語によるということもありますね。

そして最後の質問は、どんな博士論文でも高等数学の論文でも、手話で表現することができます。

というわけで、答えは全部「いいえ」。最近はドラマなどでも取り上げられ、以前に比べると身近になってきつつありますね。しかし、たとえばアメリカだと大学の語学クラスのなかでも手話は人気がある科目の1つですが、日本では残念ながらそういう傾向はありません。日本社会のマジョリティとしての聴者、聞こえる人たちに、手話についての知識が不足しているということは、まだ言えるのではないでしょうか。先ほどの質問の順番に、詳しく見ていくことにしましょう。

2 手話は言語

手話は言語です。英語だと sign language。言語（language）ということばが入っているので、わかりやすいですね。そして、手話は、日本語や英語や中国語と同じような、自然言語です。自然言語は、人間のコミュニケーションの中で、自然にでき上がってきた言語という意味です。反対が人工言語、人間が作った言語ですが、たとえばコンピュータ言語は人工言語です。それから、エスペラントも人工言語です。19世紀に

ポーランド出身の医者ザメンホフさんという人が、このエスペラントという言語を作りました。比較的習得しやすいシンプルな言語だと言われています。

　そして、世界各地にはそれぞれの手話があります。日本に住む人たちは日本手話、アメリカに住む人たちはアメリカ手話、中国の人たちには中国手話などがあるわけです。これを言うと、え？　手話って世界みんな共通じゃないの？　不便だね、と言う人がいますが、そんなことを言ったら英語も日本語も中国語もみんな違っています。音声言語もみんな違っていて不便です。旧約聖書の創世記の中に「バベルの塔」の話が出てきますね。人間があんまり高い塔を作ろうとしたので神様が怒って、互いがコミュニケーションできないように、みんなのことばをバラバラにしちゃったという話です。手話も同じです。バラバラです。

　そして日本の多くのろう者の母語は、日本手話という言語です。日本語とは音韻的・形態的・統辞的構造が違う、別の言語です。

　また、手話というと、手だけを使うようなイメージがあるかもしれませんが、手だけではなくて、頭の動きとか顎の位置、まゆの位置、口の開き方、口の形、視線、表情、上体の姿勢など、非手指標識と呼ばれる多くの要素を使います。そして、空間（手や腕の位置、指差しの方向など）を使います。手や指だけではなくて、これらの全部が手話の文法的、語彙的要素になっています。

3　ろう者の手話習得について

　ろう児、日本にいるろうの子どもたちは、日本にいる海外にルーツを持つ子どもたちと同様の問題を抱えています。ここでは、その問題について見ていきましょう。

　まず、たとえば、アメリカでは「障害のあるアメリカ人法」という、1990 年にできた法律があります。この法律によって、大学でろう者が学ぶ場合には、いつでも手話通訳を要請できることになっています。日本ではどうでしょうか。わたしの経験では、視覚障害の同級生がいて、クラスの前の方で、点字でタカタカタカとノートをとっていたのは覚え

ています。けれども、自分が学生のころに、手話通訳があったとか、ろう者のクラスメートがいた経験は、わたしにはありません。そして教員になってからも、ろうの学生は今のところ、担当したことがありません。ですので、ろうの人たちが大学教育を受けるまでに、現在でもかなりむずかしい状況があるというのは、想像できます。たとえば、アメリカでは通訳を簡単につけることができる。アメリカに留学していた人に聞くと、かなり頻繁にあるようですね。しかし、日本ではなかなかありません。アメリカの大学で、前述したようにアメリカ手話が、1つの語学科目になっている大学が多く、しかも人気があります。1位がスペイン語、2位がフランス語、3位がドイツ語で、4位がアメリカ手話ということで、ペラペラ話すことはできないにしても、かなり手話についての知識を持っている人口が、アメリカでは多い、ということは言えるでしょう（小林・大杉 2012）。

　一方で、日本では、大きな問題点として、ろう児たちへの手話教育が近年まであまり行われてこなかったということがあります。日本の聴者、聞こえる人たちの多くの母語が日本語ですが、小学校に入ると同時に国語という科目を勉強して、自分たちの母語を耕し発展させていきます。でも、ろう児たちには、自分の母語の手話の教育、あるいは手話を使った教育が、近年まであまり行われてきませんでした。今も、実はあまり一般的ではないのです。ろう学校での手話教育が、今もまだあまり盛んに行われているとは言えません。最近も、北海道札幌市の小学 3 年生と小学 6 年生の児童 2 人が、日本手話で学ぶことができず教育を受ける権利を侵害されたとして、道に損害賠償を求める訴訟を起こしています（産経新聞 2023 年 12 月 1 日）。

　言語習得の臨界期仮説という考えがあります。第 6 章で子どもたちの第二言語習得について述べましたが、母語についてもやはり、一定の時期までに母語を習得しないとその後は習得がむずかしくなってしまうという仮説です。これは実験はできないので、あくまでも仮説です。アヴェロンの野生児という、生まれたばかりのころに森に捨てられたのか、連れて行かれたのか、そこで狼に育てられた子どもの話があります。

18 世紀末のフランスでのことです。おそらく 10 代の前半ぐらいで見つかって、教育を受けますが、結局は言語の十分な習得には至らずに死んでしまった。そういう話は聞いたことがあると思います。こうした事故から推測できるのは、おそらく第二言語と同じように、母語も一定期間が過ぎると、習得がむずかしくなってしまうということです。それを考えると、ろう児に日本手話を教えないということは、結局、母語がなくなってしまう可能性がある。母語がないということは、つまり思考のための言語がないとも言えます。わたしたちが考えるとき、必ずことばを使います。考えるための道具である母語がなくなってしまうという状況です。ろうの人たちが勉強の面で、学業の面でなかなかうまくいかない、学業不振という状況が長くありました。それは、頭がいいとか悪いとかの問題ではなくて、海外ルーツの子どもと同じ現象ですが、言語習得の問題で本来の力が発揮できない。そして、大学教育までたどり着くのがむずかしかったという状況が起こっていたのです。

　では、どうして、ろうの人たちが、自分たちの母語である／となるべき手話を学ぶ機会が限られていた（奪われていた）のか。なぜ十分な習得の機会がなかったのかという問題は、複雑な要因が絡まりあっています。

　まず 1 つは、これまでも何度か指摘しましたが、日本社会のモノリンガル主義、単一言語主義です。学校でも社会でも、少数派は多数派に合わせるべきだ、という考えです。日本人なんだから、ここは日本なんだから日本語ないし日本語対応手話（後述）を使うべきだ、という考えです。海外ルーツの子どもたちや外国から来た人たちに対するのと同じ社会的圧力が、ろうの人たちにも働いていると言えるでしょう。

　それから 2 つ目が、ろうの子どもたちの両親の多くが、聴者、聞こえるお父さんお母さんだということです。聴者の両親は、手話についての知識を持っている場合が少ないので、親が手話を使えないという問題があります。たとえば、スウェーデンの場合、赤ちゃんが生まれて、その赤ちゃんが耳が聞こえないことがわかると、お父さんお母さんは直ちにスウェーデン手話を学ぶことができます。保障などもついて、仕事を

休んで学ぶことができる。少なくとも手話をきちんと勉強しないと自分の子どもと話ができない、だからお父さんお母さんは必ず手話を勉強してくださいという理念があり、制度としてできているのですね（森・佐々木 2016）。日本ではそうした制度がないというのも、ろうの子どもたちの手話習得の機会が限られてしまっている 1 つの要因と言えます。

　3 つ目に、手話に対する偏見や差別が、今もまだ、残念ながらあるという点です。たとえば電車の中で「あの子たち何やってんの」と好奇の目で見るなど周囲の無理解があります。また、ある落語会での事件もありました。落語家のパフォーマンスのときに舞台で手話通訳をしていたところ、その落語家が、自分の目の端にその手話通訳の人が入ってしまってとても集中できないと言いました。お客さんと通訳の人に対して「皆さん要らないでしょ、手話を使ってる人なんてここにはいないですから、ちょっとやめてください」と。これは無知ゆえの差別です。その後、大きな問題になって、落語家は謝罪しました。こうした無理解からの差別や偏見も、ろうの子どもたちが手話を習得する機会を奪われる、1 つの原因と言えると思います。

　4 つ目が、聴力の差が大きい、聞こえない程度がかなり違うという点です。ちょっとでも聞こえれば、補聴器をつけたり、あるいは人工内耳と言いますが、手術をして機械を装着し聞こえるようにするという方法があります。ただ、これは「マジョリティが使う日本語を使えるのが一番いいから、人工内耳や補聴器をつけて日本語を話しなさい、口話を学びなさい」という圧力にもなるわけです。「口話」とは、後述しますが、ろうの人たちが発声して話すことです。聴者のお父さんお母さんにしてみれば、自分たちが使う日本語でコミュニケーションしたい、そういう気持ちは確かにあるでしょう。少しでも聴力があるなら、手話ではなくて日本語をとご両親は考えがちです。人工内耳や補聴器を使い日本語を習得することはいいとしても、「手話も日本語も」ではなく「手話ではなく日本語を」とする場合、手話を習得する機会が限られてしまうと言えるでしょう。

　それから、5 つ目。これも複雑な点ですが、いまほど述べた口話の影

響力です。口話というのは、皆さん映画などで見たことがあるかもしれ
ませんが、ろうの人が、人が話をしている唇を見て、読唇して、話の内
容を理解する。また、ろうの人たちは発声はできます。聴者の話を読唇
によって理解して、自分はトレーニングをして発声する。それを口話法
と言います。昔のろう学校では、棒を口の中に入れたりして、きびしく
トレーニングされたようです。1880 年に、イタリアのミラノで世界の
ろう教育会議がありました。ろうの子どもを手話で勉強させるのか、そ
れとも口話法で勉強させるのかという対立が、教育界には長くあったの
ですが、この 1880 年のミラノでの国際会議で、手話よりも口話法がい
いという結論を出しました。その背景としては、補聴器の発明がありま
した。電話は音を電気信号に変えて、再び音にするという技術ですが、
電話と同じ技術が補聴器にも使えて、グラハム・ベルの電話発明以降に
補聴器も登場しました。この 1880 年のミラノでの会議の時に、補聴器
がある、こんな機械があるんだったら、手話ではなくて、少しでも聴力
があるなら補聴器を使い音声言語を聞かせて、そして発音も一生懸命練
習させて、社会のマジョリティと同じ言語を学ばせるべきだという結論
になりました。補聴器で聞く、そして発話練習をして音声によるコミュ
ニケーションを行う。この考え方が大勝利したのです。それで、日本の
ろう学校の教育は、現在もこの口話法が中心です。日本手話で教育をし、
日本語とのバイリンガル教育をしようというろう学校はいくつかできて
いますが、まだ数えるほどしかありません（明晴学園など）。ほとんどの
公立のろう学校は、今も、この口話法が中心です。これも、手話を勉強
する機会が限られている要因です。

4　日本手話と日本語対応手話

　最後にもう 1 つ、ろうの人たちが手話を学ぶ機会が限られていた 6
つ目の理由です。これも複雑な問題ですが、日本語対応手話というもの
があります。ろうの人たちの母語は、日本語とはまったく別の、日本手
話という言語です。一方で、日本語対応手話は、日本語の文法に沿って、
手指や口の形などで意味を表現します。ですから、これは手話ではない

と言う人もいて、手指日本語とも言われます。ろうの人たちのなかには、両方できる人もいるし、混ぜて使う場合もあるようですが、日本語対応手話と日本手話は、別物です。

　実は、先ほど2番目の要因で見た、聞こえるお父さんお母さんとしては、日本手話という別の言語よりも、日本語対応手話の方が勉強しやすい。また、聴者の先生たちがろう学校で教えるときには、日本語対応手話の方が習得しやすいわけです。日本語母語話者にとっては、日本手話よりも日本語対応手話の方が簡単です。これももちろん機能します。特に中途失聴、事故や病気で耳が聞こえなくなったり、あるいは補聴器をつけている人たちも日本語を聴く／聴いていたので、日本語対応手話の方が習得するのは簡単です。ただ、日本語や日本手話は自然言語ですが、日本語対応手話は、日本語に対応させた手話なので、自然言語ではありません。だから、ぎこちなくてスムーズじゃない、「まどろっこしい」と、ろうの人たちは言います。日本手話は非常に早い。その違いは、Web上の動画などで見ると歴然としています。

5　ろう者への日本語教育

　ろうの人たちは、日本語教育の対象です。母語の日本手話は、文字を使いません。書きことば、読みことばは日本語を勉強しなければならないので、わたしたち日本語教師の仕事の対象です。2023年5月に可決・成立した「日本語教育の適正かつ確実な実施を図るための日本語教育機関の認定等に関する法律（日本語教育機関認定法）」では、附帯決議ではありますが聴覚障害者の日本語教育機会の拡充について配慮を求めています。また、第9章で述べたCEFRの、補遺版（足りないところを補った追録。随伴版とも訳される。CEFR-CV。コラム10（p.141）も参照）が2020年に出されました。CEFRを参照した「日本語教育の参照枠」もCEFR-CV2020を踏まえたものとするために見直しが検討されています。そこでも手話について言及されていて、「今後検討していくべき課題」となっています。

　一方で、まず必要なことは、母語をきちんと確立するということです。

もちろん補聴器を使ったり、あるいは手術によって人工内耳をつける、その選択肢はあります。そのようにして、日本語を母語にするという選択肢もあります。しかし、自然言語である日本手話という独自の言語文化があります。先ほども述べましたが、多くのろう学校で昔は手話が禁止されていました。さすがに今はそういうことはないけれども、やはりまだ口話法が中心の学校が多いです。ろうの人たちの母語である日本手話、そしてその言語文化の重要性は、多くの関係者が認識しなければならない点です。

　それから、手話と日本語のバイリンガル教育が必要です。海外ルーツの子どもたちのときにも述べたように、母語が十分発達していると、第二言語としての日本語の習得は容易になります。読んだり書いたりは日本語で行うので、その習得が容易になります。たとえば日本語母語話者の中学生が英語を勉強して freedom という単語が出てきたときに、自由という概念は、すでに自分の中にあるでしょう。だから、freedom は自由だと、すぐに把握できます。しかし、自由という概念そのものがわからなかったら、英語の freedom を理解するのにどのくらい時間がかかるでしょう。ですので、母語をきちっと発達させておく、そのうえで、日本で生活していくときに日本語はどうしても必要だから、ろう者は日本語教育の対象になります。しかしその前提として、ろう児たちが母語を十分に発達させうる、そういう教育が必要だということです。違うことばで言うと、手話で、学習言語を発達させるということです。生活言語は、子どもたちは手話で、あらためて教えられなくても習得します。日本語母語話者は小さいころから国語という科目の中で、また国語科だけではなく学校教育全体の中で、学習言語を身につけてきました。生活言語だけでは、思考の発達のために十分ではないのです。だから、手話で学習言語、二次的ことばを発達させる教育を、制度として整えていく必要があります。

　NHK の「みんなの手話」という番組があります。当時、アイドルグループ V 6 に所属していた三宅健さんが、2023 年春まで出演していました。今はさらに若い、Snow Man の佐久間大介さんがナビゲーター

を引き継いでいます。この番組は、日本語対応手話ではなく、日本手話をみんなで学びましょうというものです。もちろん、学びやすい日本語対応手話を勉強することもいいですが、それとは別に日本手話という言語があるのだということを、認識しておきたいです。日本語対応手話だけではなく、日本手話を聴者が学ぶ機会が、NHK のあの番組のように多くの人に日本手話を知らせる機会が、少しずつ増えていけばいいと思います。

　日本手話という言語が日本社会の、わたしたちのごく身近にある、そして昔からある少数言語の 1 つだということを述べてきました。さらに、日本の少数言語について見てみましょう。

6　日本の言語

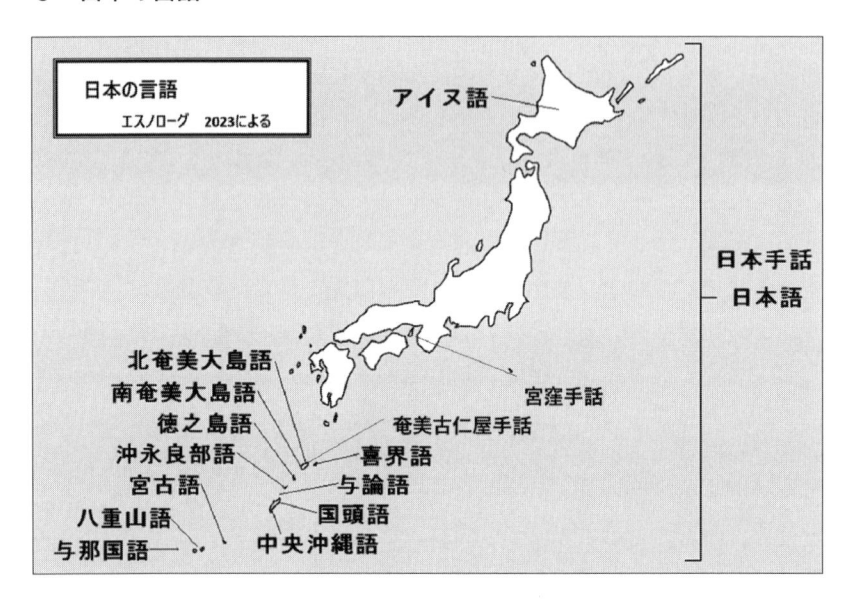

　これは、日本列島にもともとある言語を示したものです。エスノローグという、イギリスの NPO、少数言語や少数言語の保護などを研究している団体が調べたものです。研究者や調査機関によって違いますが、エスノローグでは 2023 年に 16 言語と言っています。2013 年版では、

宮窪手話、奄美古仁屋手話が含まれず、韓国語（朝鮮語）が入っていて全部で 15 言語でした。一方で、ユネスコの消滅危機言語として八丈語があげられていますが、エスノローグには八丈語はカウントされていません。

　日本列島全体で使われているのが、日本語と、先に見た日本手話です。アイヌ語はアイヌの言語です。アイヌ語は現在、日常の生活用語として用いられることがなく、口承文芸などで継承されているものの、母語話者はゼロとなりました。しかしアイヌ語の単語は、今も使われています。新潟県の胎内市、これは漢字で当て字にしているけれど、もともと「きよき水流れる」の意味のアイヌ語だという説があります。それから新潟県村上市は古くから鮭漁がさかんな地域ですが、鮭の雄と雌は「カナ」「メナ」と言い、今もアイヌ語を使うようです。また、北海道の地名、札幌（諸説あるようですが、「サト（乾く）ポロ（大きい）ペッ（川）」）、室蘭（「モ（小さい）ルラン（坂）」）、網走（「ア（われらが）パ（見つけた）シリ（土地）」）など、アイヌ語がもとになっています。阿寒湖の美しい美幌町も元は「ピッ（水多く）ポーロ（大いなるところ）」、アイヌ語でしたが日本風に変えてしまいました。東北地方にも多い地名「〜ナイ」も、アイヌ語の「川」や「沢」が起源と言われます。上院内（秋田県）、飛内（青森県）、中内（岩手県）、下半内（福島県）などがあります。

　また、沖縄や奄美で話される琉球諸語は「琉球方言」「沖縄方言」と呼ばれることもあります。しかし、2009 年にユネスコが 6 つの琉球諸語を危機言語として認めて以来、特に研究者の間では「琉球諸語」と呼ばれることが定着してきました。先にあげたエスノローグとユネスコとは数え方が少し違うものの、複数の国際機関によって琉球の諸言語が独立した言語として認められています。

　ただ、アイヌ語にしても琉球諸語にしても、「自然に」任せておくだけだと、話す人、使う人がどんどん少なくなってしまいます。自然になくなってしまうものはしかたがないという考えもあります。世界中で少数言語がどんどんなくなっているのが現実です。ただ、もしそれが自分の言語だったら、自分の母語がなくなってしまうとしたら、しょうがな

いよねと言えるかどうかということは、きちんと考えたい点です。

7　言語なのか？　方言なのか？

　上に述べたように、琉球諸語については、これは言語ではなく方言でしょ？　琉球方言ですよという意見もあるでしょう。その点も考えてみましょう。

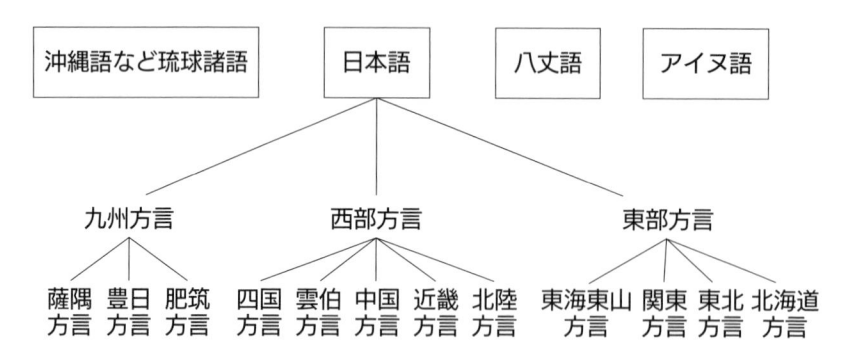

　新城（2018）では、「今後変化する可能性がある暫定的な位置づけ」としつつ、この図に見るように日本の音声言語を4つに分類しています。前述した沖縄語とか琉球諸語ではなく、方言でしょ、琉球方言だと言う人もいますが、言語なのか方言なのかという区別には、実は科学的な根拠、定義はありません。

　琉球語はアイヌ語に比べると、日本語と似ています。アイヌ語に比べると、日本語との距離は近いです。けれども、相互理解性という観点から、たとえば英語とドイツ語とオランダ語の距離と、日本語と琉球語の距離を比べると、同じか、あるいは琉球語と日本語の距離の方が遠いくらいです（田窪 2017）。オランダ語とドイツ語も言語的にかなり近く、琉球語と日本語と同じかそれより近いくらいだけれども、オランダという国家とドイツという国家があるので、オランダ語、ドイツ語という「言語」になっている。つまり、言語なのか方言なのかというのは、言語学的な定義ではなく、ここに政治的、あるいは経済的、さらには軍事的なものが入り込んでくるわけです。

マックス・ヴァインライヒというラトビア出身の言語学者が言ったとされているのは、「言語とは陸軍と海軍を持つ方言である」ということばです。A language is a dialect with an army and navy. 方言と言語は、言語学上の違い、科学的な区別があるとは言えません。

　日本語と琉球語は確かに同一の系統の言語ではあります。しかし、明治時代の初期、大日本帝国は琉球処分と言って、琉球王国を滅ぼして日本という国に組み入れました。そのときに琉球語を話す集団は近代的な軍隊を持っていなかった。一方で、大日本帝国は軍隊を持っていた。だから、琉球王国は大日本帝国に組み入れられ、その結果、琉球語は言語ではなく、日本語の一方言だと位置づけられたのです。政治や経済や軍事的なことを考えずに言語について考えることは、むずかしいのです。

【参考文献】

新城直樹（2018）「軍隊を持つ方言って？―言語バリエーション」有田佳代子・志賀玲子・渋谷実希編著『多文化社会で多様性を考えるワークブック』研究社　第 18 章および授業実践のヒント

小林洋子・大杉豊（2012）「米国の大学における日本手話教育の意義」『手話学研究』第 21 巻 pp.45–62

産経新聞（2023.12.1）「ろう学校手話訴訟が結審　原告母「障害理解されず」」https://www.sankei.com/article/20231201-7VE7VAHMWJKRFGOU2Q2MS5XYTQ/（2024 年 2 月 13 日最終確認）

白井恭弘（2013）『ことばの力学―応用言語学への招待』岩波書店

田窪行則（2017）「琉球諸語研究の現在―消滅危機言語と向かい合う」立教大学異文化コミュニケーション研究科 2015 年度公開講演会（2015 年 12 月 19 日）異文化コミュニケーション論集 Intercultural communication review 15 7-17

森壮也・佐々木倫子編（2016）『手話を言語と言うのなら』ひつじ書房

Ethnologue　https://www.ethnologue.com/country/JP/　（2023 年 12 月 25 日最終確認）

読書案内

『聴こえない母に訊きにいく』五十嵐大（2023）柏書房

　著者はコーダ（CODA：Children of Deaf Adults）、聴こえない親を持つ、聴こえる子どもです。幼いころ「障害者の親なんて嫌だ」ということばを何度もぶつけてしまった母に、その人生を聞き取り、家族の歴史を紡

ぎます。現在も裁判が続く優生保護法は、1996年まで日本に存在した悪法で、多くのろう者も被害にあいました。著者は、自身の誕生そのものに、戦慄します。「目の前で起こっていることが本当に正しいことなのかどうか考える癖を、みんなで身につけていきたい」。今、わたしたちにとって切実に大切なことばです。

『静かな大地』池澤夏樹（2003）朝日文庫

　アイヌの人々と、明治始めに北海道の開拓に渡った士族の兄弟の物語です。明治維新以降、日本は欧米諸国に追いつこうと、異なる言語や文化を持つ人々を滅ぼす意図を持って、近代国家を作るために領土を広げようとしてきました。そのマジョリティの意思に反して、アイヌの人たちと和人がともに生きる理想郷を作った主人公三郎も、力尽きてしまいます。わたしを含め読者の多くである和人が、武器や独り占めの「我が物」を持とうとしない「言葉の民」アイヌの人々に、どんな差別と苦難の歴史を押し付け背負わせてきたのか、静かに語ります。

この章を読んだあとで──課題

① 本文でも述べたように、日本手話と日本語対応手話の違いをインターネット上の動画を見て確認してみましょう。そのスピードや手指以外の体や表情や空間の使い方の違いなど、見てみましょう。

② 2023年12月にNHKで放送された「デフ・ヴォイス 法廷の手話通訳士」というドラマを図書館やオンデマンド版などで調べ視聴してみましょう。主役の草彅剛さんの手話がゆっくりしすぎだなど批判もあるようですが、ろうの人たちにも評価されているドラマです。丸山正樹氏による原作（2015文春文庫）およびそのシリーズも秀逸です。

③ 手話と同様に、アイヌ語や琉球諸語についても、インターネット上の動画で確認しましょう。関根摩耶さんが紹介するアイヌ文化、ユカラと呼ばれる口承文芸や、比嘉光龍さんの「うちなーぐち」講座など視聴してみましょう。日本語とどのように違うでしょうか。わかるところ、わからないところを確認してください。

コラム 11　言語景観

　街の景色の中にあるさまざまな「ことば」。道路標識、ビルの案内表示、お店の看板、商品に貼ってある説明書きなどなど。おもしろいもの、美しいもの、人々の目を引くもの、変なもの……。わたしたちが意識しなくても目に飛び込んでくることばの景色、これを言語景観と呼びます。リングイスティック・ランドスケープ。最近は、日本語以外の多くの言語での表示も増えました。しかし、駅や空港の表示など、わかりにくいと感じたことはありませんか。また災害時など、多くの人たちの安全を即座に守れるような案内板になっているでしょうか。

　この言語景観研究が、近年活発に行われています。その理由がいくつかあります。

　まず出入国管理法が変わったことです。数年前に、外国の人たちが長期に日本にいることができる在留資格が、新しくできました。コロナ渦など不測の事態や、日本の経済社会状況にもよりますが、この新しい在留資格によって、今後、長期的に見て外国人住民が増えるのではないか、ということが想定されたのです。ですので、外国から来た人にもわかりやすい表記の街づくりが目指されました。

　また、2020 東京オリンピック・パラリンピックも契機になりました。結局 2021 年開催となりましたが。コロナ以前は、このイベントで海外からたくさんの人たちが来ると想定されたこともあって、やはり日本全国の多言語情報をどんどん発信していこうという流れがありました。それがうまくいってるのかどうかということも考えなければならなかったわけです。

　それから、日本社会の高齢化です。やさしい日本語に関しても述べましたが、読みやすく伝わりやすい日本語は、外国人の人たちだけではなく、わたしたち日本語母語話者、特にお年寄りにとっても大切です。わかりやすい表記、言い方、伝え方。わたしたちみんな高齢者になりますが、わからない、見えづらい、聞こえにくいということが多く、これも言語景観研究が重要になってくる 1 つの理由です。

　最後が、人権感覚の成熟過程であるという点です。今、わたしたちの人権意識が十分に成熟しているかと言うと、そうとは言えないけれども、以前に比べれば、よくなっていると言えると思います。たとえばアメリカで、ブラックライブズマター、「黒人の命は大切だ」と、当然のことを、いまだに言わなければならない。これはアメリカだけの問題ではありません。日本には人種差別はない、なんて言う人がいますが、決してそんなことはありません。

わたしたち自身の問題として考えていかなければいけないわけです。ただ、たとえば 100 年前には、こうしたあたりまえの主張を大きい声ではなかなか言えないような社会だったのが、それが少しずつ、おかしいことはおかしいと言えるように、正していかなければ絶対にいけないんだと言えるようになってはきている。それはひとつ成熟と言うのか、進歩だと言っていいと思います。

　また、LGBTQ、あるいは車いすを使う人たちや聴覚・視覚障害を持つ人たちなど、当事者が声をあげて、そしてそれによって皆が知識を得てきたことで、社会は少しずつだけれど、今、進歩してきていると言っていいと思います。差別的な表記であるとか、広告などでも、行ったり来たりはしてはいるけれども、おかしいことをおかしいとわかる人たちは増えていて、そしてそれを声に出して言っていく。そういう社会になりつつある。言語景観研究というのは、そうした反差別の動きに対しても、有効です（51 ページ注 3 も参照してください）。

　ですので、自分の身の回りのことばについて、ちょっと敏感になってみる、そして、あれおかしいんじゃない？　という思いや不快さの理由を考えてみたり、あるいは自分だったらどういうふうにするだろう、これは本当にすばらしいというような、批判的にも創造的にも、言語景観から社会を見てみるのはどうでしょうか。

　そして、ことばのバリアフリー、ことばのユニバーサルデザインとはどういうことなんだろうと、みんなひとりひとりが少しずつ考えていけたらいいと思います。

第11章
ナショナリズムと日本語教育

言語について考えるとき、政治や経済や軍事力などに大きく影響を受ける側面を避けることはできないと、前章で述べました。そして、「自分は何者なのか」というアイデンティティ形成についても、言語は大きな役割を果たします。特に、「自分は〇〇人だ」「わたしは〇〇民族だ」と自分を規定するナショナル・アイデンティティと言語との間には、強く密接な関係があります。昨今の国際情勢でさまざまに顕在化している通り、ナショナル・アイデンティティもまた、政治や経済、そして軍事的なことがらと切り離すことができません。本書の最後に、ナショナリズムと日本語教育について考えていきましょう。

【キーワード】戦争、ナショナル・アイデンティティ、ナショナリズム、スポーツ、歴史認識

1 戦争と言語教育

　複言語主義について、そして少数言語について、述べてきました。複言語主義は、ヨーロッパで生まれた概念です。いくつもの国があっていくつも国境があって、そして言語や文化や宗教が違う者たちの間にたびたび紛争が起こってきたヨーロッパで、ヨーロッパ連合（EU）は壮大な実験をしています。そこでの言語教育の理念の1つとなっているのが、複言語主義です。パスポートがなくても他国に行け、お金もユーロに統一され、フランス人とかドイツ人という国民としてのアイデンティティだけではなく、ヨーロッパ人というアイデンティティを作っていこうと

いう、そういう実験です。うまくいってないところもあって、イギリスは脱退してしまいました。しかし、第一次世界大戦と第二次世界大戦でヨーロッパはボロボロになってしまったから、もう二度と戦争を起こさないために国を超えて手を結ぼうとするのが、ヨーロッパ連合（EU）です。だから、複言語主義は、結局、戦争をどうしたら回避できるのかという、その1つの方策としての理念だと言えます。

　今も戦争はなくなりません。戦時には、ナショナリズムという、人々の思いがとても高揚します。そして、日本語教育も、やはりそのナショナリズムに大きく左右されてきた分野です。新井（2018）を参考に、以下の問いを作りました。自分はどうだろうかと、考えてみてください。

2　オリンピックで応援するのは？

　2021年、日本でオリンピック・パラリンピックが開催されました。皆さん自分の国（地域を含む、以下同様）を応援しますか。「もちろん応援する」という人、「いいえ、しない」という人、どちらでもないという人もいると思います。その理由も一緒に、考えてみてください。

　まず、自分の国、自分がいる地域を応援するという、その理由ですが、別にない、あたりまえでしょ、と言う人もいると思います。それから、やはり自分の国、自分の地域の選手をよく知っている。メディアにもよく出てくるし、よく知っているという理由もあるかと思います。

　次に、「自国の応援？　しないしない」という答えの理由はどうでしょう。自分の国や地域以外を応援したい。それは、ある選手、選手個人のファンだとか、ある国への関心とか親近感などもあるかもしれません。また、どこの国も応援しない、特定の国や地域を応援しない。これは興味がない、あるいは国家としては応援したくない、個人は応援するが国は関係ないでしょうという理由もあるかもしれません。それから、自国とか自分の地域と言っても、複数国籍を持っている人、あるいは、たとえば日本国籍を持っていても日本語はあまり得意ではないとか、海外生活が長かったという人もいたりして、「自分の国」「自分の地域」という意識は持っていないという人もいるかと思います。

「どちらでもない」という人もいるでしょう。わたし自身はどちちかというと、これだなと思いました。その時と場合によって違うし、この選手このチーム好きだなと思う時には、日本以外の国や地域のチームや選手を応援することもあります。皆さんはどうでしょうか。

　本章の冒頭に戦争はナショナリズムが高揚する時期だと言いましたが、実はオリンピックやサッカーのワールドカップなど、スポーツ競技もナショナリズムが高揚する1つの大きな機会です。

3　ナショナリズムということば

　あなたはどんなときにナショナリズムということばを聞きますか。そして、どんな意味で使いますか。個人により違うと思いますが、どんなイメージがあるでしょうか。

　ナショナリズムは、いい意味でも悪い意味でも使われます。皆さんにも、良いイメージも悪いイメージもあるかと思いますが、もともとは、おそらくかなりいいイメージで作られてきました。フランス革命のとき、国家は王族とか貴族など一部の上流階級の人たちのものではない、わたしたち国民のものなんだと、そういう意味で使われました。そして、ごくわずかな王侯貴族たちだけで国全体のことを決めるのではなく、わたしたち国民が決めていくのだ、自分たちの国のことは国民自身が自分で決めていくものなのだという意味で使われてきました。

　しかし、時間とともに少しずつニュアンスが変わってきたと言っていいでしょう。つまり、国内の特権階級に対する国民という意味としてではなく、別の民族に対する自民族を尊重しようとする、わたしたちは〇〇人だ、わたしたちは〇〇民族だというナショナル・アイデンティティを持たせようとする装置に変わってきた。国とか国民を統合する、国民を1つにまとめ上げようとする概念となっていきます。国はまとまっていなければいけない、そうしないと敵が来たときに戦えない。だから、国とか国民を1つにするもの、まとめ上げるもの、統合するもの、そしてそれはすなわち、国民ひとりひとりの心の中にあるべきアイデンティティの一部としてのナショナリズムに、変わっていきました。それ

は、もう一歩進んで考えると、わたしたちとあの人たち、我々とあいつらという、他者を作る概念、わたしたちとは違うあの人たち、「敵」ともなりりうる他者を生成する概念としても使われるようになってくるわけです。「敵」がいるとき、「わたしたち」は一致団結しやすいのです。

では、日本語教育とナショナリズムは、どのような関係があるのか。

4　ナショナリズムと日本語教育の関係

1つは、日本語教育とナショナリズムが、かなりぴったりくっつきやすく、一体視されやすいという点です。これまで会った学生のなかで、日本語の先生に将来なりたい、という人たちが少なからずいました。そのなかには、美しい日本語、日本人が長い時間をかけて作ってきた日本語を、世界中に届けたい、すばらしい日本文化の伝道師になりたい、世界に日本語と日本文化を広めたいという、そういうふうに言う人たちもいました。もちろん悪くはないのですが、ただ、本書でこれまで見てきた通り、誰が日本人なの？　あなたがイメージする日本文化って何？　というのは聞いてみたいところです。けれども、こうした思いというのは、教師個人が抱くというより、社会から期待されていることだと言えます。日本語の先生は、すばらしい日本人の文化を世界に伝えていく人なんだという、つまり尊ぶべき国家、ナショナルなものに対する情緒的一体感のようなものを、日本語教師は社会的に期待されやすいと言えます（有田 2016）。そして同時に、あるいはだからこそ、日本語教師はナショナルなものとの一体感を自分でも内面化しやすい。「わたしは美しい日本語を世界に広め、すばらしい日本文化の伝道師でなくてはならない！」のように。でも、さっき見たように、ナショナリズムというのは、「自分たち」と「あの人たち」を分ける、社会的装置でもあるわけです。そこはきちっと見据えておかなければいけない。

海外で日本語を教えていたときに、一緒に教えていた先生は、若くて元気でガッツあふれる先生でした。彼はピアノがとても上手で、休み時間に彼がピアノを弾いていたら周りに学生たちがみんな集まってきました。そしてその国の国歌をみんなが歌いだして、同僚はピアノで伴奏し

てとても上手だったのです。そうしたら、彼は日本の国歌もみんなに教えてあげますと言って、君が代を、学生たちに教え始めました。わたしは、実はそのとき、少しぎょっとしたのです。自分でもあまり歌ったことがないし、たぶん歴史的なことに対する意識とか、世代の違いとかがあって、わたしは君が代を学生たちと一緒に歌ったことはありません。そのシチュエーションだと、君が代を教えてみんなで歌うのは、悪くはない、不自然ではなかったと思います。しかし、やはり一面少し危険な場合もあることは、知っておく必要があります。日本の公立学校でも、国歌斉唱については今もまだ議論がありますので。若い学生のなかには、「どこに問題がありますか。むしろ外国人の日本語学習者たちは喜んだと思う」という意見も多いです。しかし、たとえば中国や韓国や台湾で、日本語学習者に君が代を歌わせた場合、いまでも大きな反発があるだろうことは想像できます。かつてそれらの地域では、人々が、日本の武力を背景に、君が代を強制的に歌わされた時代がありました。そして同様に、自分の母語ではなく、日本語を使いなさいと強制された時代がありました。日本語教育は、そのような歴史を背負っています。日本語教育関係者は、ナショナルなものに対する、気持ちのうえでの一体感を期待されやすいし、そして自分でも持ちやすいというところがあるので、ナショナリズムについては考えざるをえません。

　もう１つ、国際社会状況での「地雷」の存在があげられます。日本語の教室には、いろんな国、いろんな地域からの人たちがいます。するとそこには、普段は見えない地雷が埋まっていることがあります。日本語学校で働いていたころ、小さいクラスにイスラエル人の学生がいました。仲の良いクラスだったから写真を撮ろうと言って、学生たちはピースサインを、片手でＶサインをしました。そうしたら、イスラエル人の学生が「お願いだからそのサインをやめて」と苦しそうに言ったのです。いつもは優しい穏やかなイスラエル人の男性でしたが、このＶサインはパレスチナ人がイスラエル人に「勝った」時にやるサインだから本当にやめてほしいと、少し赤い顔をして泣きだしそうに言っていたのを覚えています。このクラスにはイスラム教徒の学生はいませんでしたが、当

時でもイスラエルの暴力を批判しパレスチナへの深い同情と連帯を抱く学生はいたはずです。また、もしアラブ人の学生がいたとしたら、激しい議論か冷たい断絶が現れたかもしれません。その教室にいて、教師はどのような判断ができるでしょうか。

　それから、これは実際よくあるケースですが、海外に行って、少し慣れてきたころに、たとえば韓国の人、シンガポールの人、中国の人たちから、日本人として歴史認識問題についてどう考えてるのとか、南京虐殺についてあなたの考えを教えてほしいとか、わたしも聞かれることがあります。シリアの問題、ミャンマーの問題、そして、台湾・香港の問題、ロシアとウクライナの問題、さらにガザでの惨状など……。そういう国際的な状況というのを、みんな背中に背負ってきて、そして、それがクラスの中でぶつかってしまう。それを地雷と呼びましたが、そうした衝突にはナショナリズムが関係していることが多いと言えます。

　ですので、日本語教育関係者にとっては、常にこのナショナリズムという概念が、好き嫌い、いい悪いにかかわらず、近くにあります。だから、意識し続け、考え続けなければならないことだと言えます。ただ、ナショナリズムについては、言語教育に限らず現代社会に生きる誰にとっても、非常に重要な問題の１つですね。

　最後に、2020 年の新聞記事（私は○○人：11　オキナワン、海越え芽生えた自我 2020 年１月 11 日　朝日新聞東京朝刊）を、少し長いですがここに転載します。読んでみましょう。

＊＊＊＊＊＊＊＊＊＊＊＊＊＊＊＊＊

　英ロンドン、大英博物館にほど近い文教地区。ロンドン大に留学している比嘉華奈子さん（23）は今、学士論文の準備で毎日のように図書館に通う日々だ。題名は、もう決めてある。

《沖縄には、どれほど主権があるのか》

　沖縄県浦添市出身。転機の一つは高校１年のころ。友達と遊んだ帰り道、突然、車が横付けし、ドアが開いた。「車に乗れ！」。中にいた米兵数人が大声で叫んだ。「連れ去られる」。強い恐怖を感じた直後、米軍関係者の別

の車が通りかかり、米兵らを制止した。間一髪だった、と今でも思う。それ以来考えるようになった。「なぜ沖縄に米軍基地が集中しているのか」

英国の大学には多様なルーツの学生が集まる。かつて琉球王国だった沖縄が日本に併合された歴史を話すと、共感してくれる学生が多くいた。

ウェールズ出身の友人は、英国の同化政策でウェールズ語を話すと「Welsh not（ウェールズ語禁止）」と書かれた木札を首にかけられた歴史を教えてくれた。フランスにも同じ「方言札」が存在し、それを明治政府が沖縄などでの日本語教育で模倣したらしいとわかった。

「中央政府がマージナル（周辺）の人びとを同化させる手口は一緒なんだ」

英スコットランドやスペイン・カタルーニャの独立運動も学んだ。昨年、米軍普天間飛行場の辺野古移設をめぐって7割超が反対した沖縄の県民投票と重なった。

留学当初は「アイム　ジャパニーズ」と自己紹介していた。今も日本人意識は「当然ある」。だが、最近はこっちが気に入っている。「アイム　オキナワン（沖縄人）」

＊

沖縄県西原町の與儀（よぎ）幸太郎さん（25）は「もう僕は沖縄人としての意識しかないですね」と話す。

普天間高校を卒業後、曽祖父の世代が戦前に移住したハワイに留学した。沖縄から多くの移民が渡った地だ。留学1年目のころ、スーパーのレジ待ち中に、日系人の男性から英語で出身を尋ねられた。「日本人です。沖縄から来ました」。そう答えると、男性は言った。「君は日本人じゃない。オキナワンだよ」

沖縄からの移民や子孫はオキナワンの意識を強く持つ。上手に三線（さんしん）を弾き、エイサーを踊る。「負けてられないな」。沖縄人としての意識がふくらんだ。

進んだハワイ大で、言語学者の話に驚いた。英語教育で淘汰（とうた）されていたハワイ語の言語復興が1970年代に始まり、今ではハワイ語で授業を行う学校もあるという。與儀さんは自問自答した。「僕はなぜ自分を日本人だと思っていた？」「日本語教育が理由じゃないか」

言語学を専攻し、沖縄で話者が減っている「しまくとぅば（島言葉）」の復興を目標にすえた。帰郷後は島言葉の講座に通い、意識的に使うことから始めている。

＊

「今の若者世代に本土への劣等感はない」

琉球新報の政治部長で「沖縄の自己決定権」（高文研）の著書がある新垣毅さん（48）は言う。本土復帰後、80年代までは沖縄の人々には「日本国民になれない二等国民」という意識が根強かった。「エイサーを踊れば、年配者が『恥ずかしい』と制止した」ほどだったという。当時の西銘順治（にしめじゅんじ）・沖縄県知事（故人）は、こうした心情を「ヤマトンチュー（日本人）になりたくてなりきれない心」と表現した。

だが90〜2000年代に状況は変わる。歌手の安室奈美恵さんやSPEEDの活躍、沖縄が舞台のドラマなどでブームが到来。沖縄出身であることを肯定的に捉える人が増えた。「日本に復帰して47年余りが過ぎたが、沖縄人意識はむしろ強まっている」

18年に亡くなった翁長雄志・前沖縄県知事は沖縄の結束のためにこう訴えた。

「イデオロギーよりアイデンティティー」

沖縄人であるという意識が地域や世代を超え、人々を結びつけている。

（伊藤喜之）

◇

私は何者か。多様化する私たちの世界で、この問いがますます身近になりつつあります。私は○○人——。あなたはこの「○○」に、どんな言葉を入れますか。

■顧みられぬ民意、募る不満

1429年から続いた琉球王国は、1879（明治12）年に武力を背景にした明治政府によって解体され、沖縄県として日本に組み入れられた。日本の学校教育で「琉球処分」と教わるこの出来事を、沖縄の新聞などは近年、「琉球併合」と書き換えている。「処分」は日本側の視点のため、沖縄側から主体的に歴史を見直そうという動きだ。

琉球新報の 2015 年の世論調査では、県民の 87.8％が、沖縄のことを自ら決める「自己決定権」の拡大を求めた。16 年の調査では、日本の県の一つという現状に対し、「自治州」や「連邦制」、あるいは「独立」を希望する人が計 34.5％に上っている。

　戦後の本土復帰から 47 年を経ても、沖縄には日本全体の米軍専用施設のうち約 7 割が集中。米軍機オスプレイの強行配備や米軍普天間飛行場の辺野古移設など、民意が顧みられない状況への不満が高まっている。

＊＊＊＊＊＊＊＊＊＊＊＊＊＊＊

【参考文献】

新井久容（2018）「国って愛さなきゃいけないの？―ナショナリズム」有田佳代子・志賀玲子・渋谷実希編著『多文化社会で多様性を考えるワークブック』研究社　第 12 章

有田佳代子（2016）『日本語教師の葛藤―構造的拘束性と主体的調整のありよう』ココ出版

朝日新聞（2020）「私は○○人：11　オキナワン、海越え芽生えた自我」2020 年 1 月 11 日　東京朝刊

牲川波都季（2012）『戦後日本語教育学とナショナリズム―「思考様式言説」に見る包摂と差異化の論理』くろしお出版

読書案内

『ナショナリズムと想像力』ガヤトリ・C・スピヴァク（2011）青土社

　著者の代表作『サバルタンは語ることができるのか』は難解として知られていますが、本書はそのサバルタン（語る声を持たない、社会的・経済的に虐げられた人々の集団）研究が、ナショナリズム論として手に取りやすい書籍にまとめられています。スピヴァクは、ナショナリズムとは人をだますカテゴリーだと言います。母語を愛すること、自分の住む街の一角を愛する感情が、いつのまにか「国家」に関わることに使われる。それに対抗する 1 つの手段は、複数の言語を学び、複数の言語で読み、「自分の第一言語が占める唯一無二の場所」を、他者の場合はまったく

別の言語が占めるのだということに対する想像力を持つことだと言います。

『國語元年』井上ひさし（2002）中公文庫

　1985 年に NHK で放映されたテレビドラマの脚本です。江戸時代末に黒船が来て、それに驚いた当時のエリートたちは「各人各藩がバラバラではだめで 1 つの国にまとまらないと列強の植民地になってしまう」と考えました。そのために、日本全国で「通じる」話しことばの発明が必要でした。明治 7（1874）年にそれを命じられた文部官僚が、まずは自分の屋敷内でのことばの統一に努力しますが、長州弁、薩摩弁、津軽弁、遠野弁、名古屋弁、山形弁、江戸武家言葉、町人言葉、公家言葉など、ぜんぜん通じない「日本人」たちの大混乱の様子を描くコメディです。近代国家と言語との密接な関係に、（笑いながら）納得します。

この章を読んだあとで──課題

① あなたの「国籍」「〇〇人（たとえば日本人）であること」、あるいは「〇〇語母語話者（たとえば日本語母語話者）である／ではないこと」が理由となって、優越感を覚えたり、不愉快な気持ちになったりしたことがあるでしょうか。それは、いつ、どんな状況だったか、思い出してみてください。

② 「靖国神社」は、日本と近隣諸国との間でナショナリズムに結びついて、しばしば摩擦を引き起こす場所です。そこにどのような背景があるのか、なぜ対立が起こるのかを調べてみましょう。また、機会があれば、東京都千代田区にあるこの神社内にある、遊就館という史資料の展示館を見学してみましょう。

③ 歴史観には次の 2 つがあると言われます。「人類は日々進歩している。過去より今、今より未来が、わたしたちはより幸福になる」という歴史観と、「歴史は繰り返す。人類は何度も同じ過ちを繰り返す」という歴史観です。ナショナリズムという視点から考えたとき、それぞれにどのような具体的な根拠があるか、考えてみてください。

おわりに

　ミルグラム実験という、通称「アイヒマン・テスト」とも呼ばれる社会心理学の実験は、擬似電気ショック発生器を使った偽りの実験です。「体罰の教育的効果の測定」が目的だとして、被験者は、権威者である「博士」の指示に従って、隣室にいる生徒役が答えを間違えるたびに電気ショックを与えます。80名の被験者のうち65%が、超然とした権威者による「続けてください」という指示通り、命の危険がある450Vの電気ショックを、苦しんでいるフリをしている生徒役に与え続けたのでした。ナチスの親衛隊中佐アイヒマンのように、権威者の非道で不条理な命令に諾々と従う人間の心理を証明しています。

　そして、日本語教育には次のような歴史もあるのでした。1940年代のベトナムで、日本語学習を望んでいた人々に向けて書かれた日本語講座の例文です。「日本の兵隊さんが東亜を守ってくださいます」「あなたは国のために死ねますか」「わたくしたちは生命を国家のために捧げられます」「日本は戦争をしたくなかったのですが、アジアのために武器をとりました」「敵を襲って5人殺しました」（1940年代ベトナムの日本プロパガンダ誌『Tân Á（新アジア）』日本語講座より）。こうした例文を使い日本語を教えた教師は、ただまじめに一生懸命に生き、しかしだからこそどうしようもなく、「加害者」となってしまったのだと思います。

　一方で、漫画「はだしのゲン」の主人公の父中岡大吉は、戦争に反対していたために家族も周囲から迫害されます。それでも「日本は負ける」「目を覚ませ」と言い続けたその人は、原爆で焼死します。

　本書を執筆しながら、もし第二次大戦中に教壇に立っていたとしたら、わたしはどうしていただろうかと考えました。ゲンのお父さんのようには行動できないのではないか、「日本は戦争をしながら大東亜の建設をしています」などの例文を、嬉々としてか、あるいは密かに疑問を抱きながらか、教えてしまうのではないか、と自身を危ぶみました。

だからこそ、わたしたちには今、国籍にも母語にも関係なく、他者との「対話」が必要だと考えました。「このままでいいのだろうか」と、複数の意見を踏まえて自省する場が、わたしたちの周りに多くあればいいと思いました。ものの見方や価値観の相違は、この世界のいたるところにあり、その相違による衝突は、分断と差別を生み、さらには暴力によって解消しようとされることさえ、わたしたちはいま、目の当たりにしています。

　本書が、価値観の相違による社会の分断と対立を、暴力ではなく「ことば」によって解決していくために、できるだけ多くの「対話」を生む契機になればいいと願います。

　「はじめに」で述べた通り、本書は大学学部での講義と、受講した学生たちとのやりとりが元となっています。帝京大学、新潟大学、敬和学園大学、新潟県立大学の受講生のみなさんに、心から感謝いたします。また、本書の「子ども」に関する記述は、同僚で友人の宇津木奈美子さんにご教示いただきました。そして、前回の仕事（山本冴里編『複数の言語で生きて死ぬ』くろしお出版）に続き、辻村厚さんが編集してくださいました。くろしお出版の池上達昭さんにも、原稿を丁寧に読んでいただきました。記して感謝申し上げます。

有田佳代子

【著者紹介】

有田 佳代子（ありた かよこ）

帝京大学日本語教育センター教授。著書に『日本語教師の葛藤―構造的拘束性と主体的調整のありよう』（ココ出版 2016）、共著書に『日本語教育はどこへ向かうのか―移民時代の政策を動かすために』（くろしお出版 2019）、『心ときめくオキテ破りの日本語教授法』（同 2016）、共編著書に『多文化社会で多様性を考えるワークブック』（研究社 2018）などがある。

移民時代の日本語教育のために

初版第 1 刷 ——— 2024年 9 月25日

著　者 ——— 有田佳代子

発行人 ——— 岡野秀夫

発行所 ——— 株式会社　くろしお出版

　　　　　　〒 102-0084　東京都千代田区二番町 4-3

　　　　　　［電話］03-6261-2867　［WEB］www.9640.jp

印刷・製本　藤原印刷株式会社

装丁　井之上聖子　　装画　金子幸代　　編集協力　辻村　厚

© ARITA Kayoko 2024

ISBN 978-4-87424-989-5 C1030　　Printed in Japan

乱丁・落丁はお取りかえいたします。本書の無断転載・複製を禁じます。